日共の武装闘争と在日朝鮮人

安部桂司
Abe Keiji

論創社

はじめに

今回、日本共産党の武装闘争についてまとめることにしたのは、在日朝鮮人差別の根源を明らかにしておく必要を感じたからである。文在寅政権になって以来、韓国との関係で特に朝鮮総督府施政下の差別問題が殊更強調されているが、かつて在日朝鮮人作家の金達寿は「在日朝鮮人差別は祖国防衛隊の活動が響いている」と語っていたものだ。

祖国防衛隊とは何かについては、本文で詳しく述べているので読んでほしい。いまの人たちにとって、一九五〇年代に日本共産党が武装闘争を行ったことや、その中心になって大活躍したのが在日朝鮮人であったということを知っている人は少ない。日本共産党の武装闘争と在日朝鮮人についてきちんと考察することは、日本人の拉致問題を考えるうえで大きな鍵になるのだということを知ってほしい。

筆者が神保町の古書店を渉猟しているとき偶然出遭った小冊子「共産主義運動の実態」（巻

末に収録）には、日共の「活躍」が詳細に記されている。不二出版の復刻版『朝鮮戦争下　公安関係資料―光永源槌資料』にも一九五〇年代の在日朝鮮人の動きを公安調査庁が詳細に観察・分析している。

解題を書いている井上學の在日朝鮮人運動の観察・分析で特筆されるのは、公安調査庁は「祖防、民愛青の先鋭的両団体および関連ある日共民対の動向情報」を「調査の重点」にしていたが、民戦、祖防隊などの活動を結果的には〝日共の引き回し〟と捉え、つまり〝日共の武装闘争〟と捉え、人民軍の遊撃隊という側面を見落としていたことを指摘した点であろう。

公安調査庁の分析で足りない点は、南労党の対日工作を具体的に挙げることが出来ていないからだ。当時の日共内に朝鮮人が多く、幹部にも多くいたが、彼らは金日成の北労党からの指示など相手にしていなかった。この点は坪井豊吉も指摘している。これらの経緯を理解するに、警視庁公安部刊行の『ラストボロフ事件・総括』（昭和四四年刊）が重要資料となる。だから、『共産主義運動の実態』は公安調査庁的でなく、国際共産主義運動の視点で在日朝鮮人運動を捉えていた。

公安調査庁が祖国防衛隊の活動を含めて在日朝鮮人運動を日共による引き回しだと断じたことを批判した井上學の視点に繋がる。その点で「光永源槌資料」に帝国敗戦後の南朝鮮の共産主義運動の指導者であった朴憲永の在日朝鮮人へ宛てた資料が収録されてないのは残念である。恐らく光永源槌は戦前からの、いわゆる特高史観で国際共産主義運動（コミンテルン）を捉えていたのだろう。戦後の国際共産主義運動はコミンフォルムであり、在日朝鮮人の共産主義運動は日共よりも、南北労働党の影響を受けやすかった。そして在日の場合、南朝鮮の労働党（南労党）の強い影響を受けていた。

南北の労働党が統一した後に起こった朝鮮戦争時には、南労党の指導者朴憲永が北朝鮮の共産主義運動のNo２ではあった。だが、在日朝鮮人運動（祖国防衛隊）は赤色支那経由で指導していた。それは公安調査庁の資料よりも、警察関係の資料に現れていた。

目次

一章　日共の武装闘争と在日朝鮮人

一　コミンフォルム批判

一九五〇（昭和二五）年一月に「コミンフォルムの批判」が発表された。一月七日付のプラウダ紙に掲載されたコミンフォルム機関紙の「日本の情勢について」という論評では、「米国の略奪者どもは日本占領軍や日本反動の手をかりて一切の民主化運動を弾圧し、共産党労働組合を粉砕しようとし、又日本の真の主人公になろうと大童わである」と述べ、「日本の共産党組織、労働組合及び凡ての民主主義勢力は勤労者を結集し、日本における外国帝国主義の植民地的計画と日本反動の裏切的・反人民的役割を毎日にわたって暴露しなければならない。……しかるに、日本の共産党の若干の活動家がこれらの最も重要な課題を成功的に遂行しようとしていないことは事実が示している。

日本共産党の有名な活動家野坂は、日本の対外的国内政治情勢を分析して、戦後の日本が占領下に於いても社会主義への平和的移行を確保するために必要な凡ての条件を具えているし、これが恰もマルクス・レーニン主義の日本の地への適応であるかの如く説いた。占領軍について野坂は、日本共産党の目的を阻害しないばかりでなく、反対に、占領軍はその使命を遂行しつつ日本の民主化に貢献するであろうという意見を述べている。……野坂の理論は、日本の帝国主義占領美化の理論であり、アメリカ帝国主義称賛の理論であり、従ってこれは日本の人民大衆を欺瞞する理論である(1)」と述べられていた。

コミンフォルムは第二次世界大戦終了後、一九四七年九月にポーランドに各国の共産党の指導者達が集まり会議を開いて結成された。コミンテルンの後身に当たり、戦後の世界秩序の変革を目指す国際共産主義運動であった。コミンフォルムがコミンテルンと異なるところは、各国共産党の情報交換やソ連の指導下で各国共産党間の運動を調節することが主な目標であった。その機関紙として『恒久平和のために、人民民主主義のために！(2)』が刊行され、日本の戦後史、主として朝鮮戦争時に大きな影響を与えた。

(1) 警備研究会『左翼運動と警察』七～八頁、警察図書、一九五二年。
(2) 上田耕一郎『戦後革命論争史』上巻、大月書店、一九五六年。

二　日本共産党の五一年テーゼ

日本共産党（以下日共）は革命運動における打倒目標を、アメリカ帝国主義に置くか、国内の天皇制乃至独占資本主義に置くかという問題を明確にする必要に迫られて、一九五一（昭和二六）年に新テーゼ「一九五一年テーゼ」を発表するに至った。

だが、新テーゼの中で注目すべきことは日共が「日本の解放と民主的変革を平和な手段によって達成し得ると考えるのは間違っている」と述べ、暴力革命の主張を公然と掲げたことである。一九五一年二月開催の第四回全国協議会（四全協）において「軍事方針」を決定し、更に一〇月に開かれた第五回全国協議会（五全協）において「われわれは武装の準備と行動を開始しなければならない[3]」という遊撃戦の戦術を決定し、いよいよ暴力による革命運動を正面から開始することとなったのである。

日共の軍事方針は、前述のコミンフォルムの批判の上に立っている訳である。四全協にコミンフォルムは支持を与え、八月には「一九五一年テーゼ」として新綱領の草案が提出され、一〇月の五全協でこの「新綱領」が採択された。それと同時に新しい武装闘争の方針として

「武装行動綱領」といわれる「われわれは武装の準備と行動を開始しなければならない」が決定された。

次いで一二月の全国組織者会議によって、組織活動に関する党の基本方針としての「組織綱領」（「当面の戦術と組織問題について」[4]）が決定され、当面の組織目標が具体的に明示されることとなった。

この「新テーゼ」と「武装行動綱領」と「組織綱領」の三つの基本的な綱領が決定されるに及んで日本共産党内の理論戦線は一応統一され、日本共産党はこれによって党員全体並び大衆に向かって当面の闘争戦術を明らかにした。

一九五一年二月開催の四全協、八月の新綱領採択、一〇月の「われわれは武装の準備と行動を開始しなければならない」は、同時期の朝鮮半島での戦線の動向に符合していた。

中国人民義勇軍の第五次戦役、人民義勇軍と朝鮮人民軍（以下中朝軍）の四月攻勢は四月二二日から三〇日に至る間かけられ、ソウルの奪還を目指して在朝鮮の中朝連合軍七〇万人の

（3）警備研究会『左翼運動と警察』一五頁、警察図書、一九五二年。
（4）日本共産党『当面の戦術と組織問題について』ガリ版刷り、一九五〇年。

半数が南下した。

「だが、その雄大な企図と決意に反して、攻撃要領は旧態依然としたものであった。戦車は少なく、砲兵火力もほとんどなく、空軍も参加しなかった。夜になるとラッパを吹きドラを鳴らし、照明弾を上げて歩兵の突撃を繰り返し、夜が明けると斜面の後方に後退して国連軍の砲撃を回避する。その繰り返しであった(5)」。同年には前述のように二月末に四全協が開催され、軍事方針が打ち出され、八月には日共は武装闘争へ向けて「新綱領・草案」を起草した。その間の四月一一日にはマッカーサーが解任されている。

米国政府は、三八度線が回復された以上、国連軍の使命が果たされたと判断した。トルーマン大統領は、これ以上の北進は泥沼に陥ると判断、戦争を朝鮮半島に限定して、その中で政治的解決を探ろうとしていた。ところが、マッカーサー元帥・国連軍司令官は三月二四日に国連が国連軍に課している制限事項を撤廃してくれれば、中国共産党を軍事的に崩壊させ得るという声明を出した。これはトルーマン大統領の意に反する軍事的方針であった。

マッカーサー元帥・国連軍司令官は三八度線以北への進出の指示を出し、四月九日から各軍団は北進を始めた。その直後の四月一一日にマッカーサー司令官は解任された。

北進する国連軍を押し返し、南下を始めた第五次戦役、四月攻勢の中朝連合軍へ、米空軍は一日平均一〇〇〇機の航空機で地上戦を支援した。国連軍は、中朝軍へ莫大な損害を与えつつ後退していった。中朝軍の第五次戦役、五月攻勢は五月一五日から二三日まで太白山脈沿いに南下し、国連軍の死傷者は三万五七七〇人に達した。しかしその一方で、中朝軍三〇万人の南進部隊は三分の一近い八万五〇〇〇人の死傷者・捕虜を出した、と推測されている。[6] これによって中朝軍の突撃兵力はほぼ全滅した。この人的被害は中国共産党に衝撃を与えた。

中国の義勇軍はもはや軍事的勝利が不可能だと悟らされる一方で、ソ連から米国との停戦交渉を勧められる。六月二三日には、ソ連の国連代表が安全保障理事会で停戦の提案を行った。米国は面目を失わない形での停戦を実現させようとしていた。だから、ソ連国連代表のマリクの提案は渡りに船であった。

六月三〇日、マッカーサーに代わったリッジウェイ司令官は、金日成と彭徳懐宛てに休戦交渉を提案する。

朝鮮戦争は朝鮮半島でのみ戦われたのではない。先に述べたように日共の指導の下、日本で

（5）田中恒夫『図説　朝鮮戦争』一〇一頁、河出書房新社、二〇一一年。
（6）前掲書、一〇三頁。

も武装闘争が駐留米軍施設及び米兵（主として乗用車）に対して火炎瓶投擲《とうてき》という形で苛烈に戦われた。

これら日共の武装闘争を支えたのが在日朝鮮人の組織、祖国防衛委員会（祖防委）であった。祖防委は、在日朝鮮統一民主戦線（民戦）傘下の非公然組織であった。その祖防委の傘下に祖国防衛隊（祖防隊）が組織された。それは日共の軍事方針を支えるために組織された、と見られた。日共では軍事組織の一本化を強調して祖防隊を逐次中核自衛隊に編入していた。

金日成が日共の五全協を基礎として、朝鮮国民としての自覚の下に、軍事基地、軍需品工場、輸送道路の妨害破壊、民団幹部、米兵の殺害などを指令したことが、血のメーデー事件、吹田・枚方事件などに影響を与えたという指摘もある。(7) 膠着した三八度線上の戦線を打破するために、金日成は戦闘的在日朝鮮人組織に「檄」を飛ばしたのであろうか。

それを裏付ける祖国防衛隊が起こした事件が幾つもあり、結構知られているからだ。李瑜煥が祖防隊の名前を記して挙げている事件は、「皇居前騒擾《そうじょう》事件」、「吹田事件」の二つだけである。(8) 他は、旧朝連系などが関わったと記載されている。しかし、一般には一九五〇年一一月二〇日の「長田区役所襲撃事件」、同年一二月一日の「大津地方検察庁襲撃事件」、翌一九五一年二月二三日の「王子朝鮮人学校事件」、同年一一月一〇日の「東成警察署襲撃事件」、同年一二月一六日の「親子爆弾事件」、一九五二年五月二五〜二六日の「高田事件」、同年六月一〇日の「島津三条工場事件」、同年六月二四〜二五日の「枚方事件」、同年七月七日の「大須事件」、同月の「相馬ケ原駐屯地事件」などが祖防隊の起こした事件としても知られている。[9]

李瑜煥の挙げた「皇居前騒擾事件」は、先にも述べた血のメーデーといわれる一九五二年のメーデーでの騒擾事件であった。李瑜煥は以下のように記述している。

「第三二回メーデー大会に参加した……約三〇〇〇から五〇〇〇の旧朝連系（民戦・祖防隊）を先頭とするデモ隊が、宮城前を一大修羅場と化させ、付近の路上にあった自動車を炎上させた」[10]

朝鮮では、一九五一年冬から五二年春にかけて、中朝軍は兵力を増やし、その数八六万七〇〇〇人に達していた。それは国連軍を凌駕《りょうが》していた。この間劣勢であった空軍の増

（7）篠崎平治『在日朝鮮人運動』一〇一頁、令文社、一九五五年。
（8）李瑜煥『日本の中の三十八度線』二〇〜二一頁、洋々社、一九八〇年。
（9）警察庁『戦後に於ける集団犯罪の概況』刑事警察資料第三三巻。
（10）鈴木卓郎『共産党取材三〇年』経済往来社、一九七六年。

強を図り、八〇〇機のソ連製のジェット機が供給されていた。故に、一九五二（昭和二七）年の日本共産党が行った武装闘争は国際共産主義運動の一環を担ったものであると言えよう。

三　中核自衛隊と祖国防衛隊

武装闘争を主動したのは、中核自衛隊、山村工作隊、祖防隊であった。これら三つの組織を語る時に、脇田憲一の履歴を知ることは大切であろう。何故なら、脇田憲一は中核自衛隊の一員として枚方事件に連座し、後に山村工作隊の一員にもなった。脇田憲一は、日共の武装闘争の最前線に立ち、中核自衛隊隊員として、祖防隊と共に朝鮮戦争の補給基地を叩く行動へ参加していたからだ(11)。

脇田憲一は日共の軍事委員会の指導が入った枚方での軍事闘争に従事した。日共の軍事闘争では、東京のメーデー事件、名古屋の大須事件、大阪の吹田事件という一九五二（昭和二七）年の春から夏にかけて行われた三大騒擾事件が知られている。これらは朝鮮で最も苛烈に戦争が行われていた状況で戦われたものであった。

「党自体の軍事組織としても、軍事委員会、軍事指導部、農村指導部（アヤメ）労働指導部

（サツキ）等を設け、大衆の中に軍事思想の滲透工作を進めることに躍起の活動を続け、既に一部労働者組織や、農民組織、その他市民、婦人、平和団体の運動方針にこの思想が具体化されていることが注目される[12]」

日共の軍事委員会は中央に一つ、地方軍事委員会が九つ、府県の軍事委員会が四五あった。この場合沖縄は省かれ、別に北海道には道軍事委員会が三つ設けられていた。北海道は広いから三つに分けられていたのだろう。更に、地区軍事委員会が一九〇もあり、中核自衛隊は五〇〇隊、隊員数は八〇〇〇名、独立遊撃隊（独遊隊）は三四隊、隊員は一五四名と数えられている。その上、コミンフォルムとの連絡のために「海上組織」が設けられていた。世間には人民艦隊として知られたものである。

「共産党の地下指導部は、また、海上工作のために、特殊な秘密オルグ（工作者）集団を駆使している。これらオルグは、中央・地方・港区の段階に分れそれぞれの地域の地下指導部の方針を体し各港を出入りする船舶内の党組織や港湾関係党組織に対して機動的に指導を行い、ま

（11）脇田憲一『朝鮮戦争と吹田・枚方事件』明石書店、二〇〇四年。
（12）国家地方警察本部『共産主義運動の実態』三頁、一九五四年。

たは自ら重点的な隠密の組織工作を展開している。これらのうちには、とくに党幹部の海外脱出、国外連絡、密輸等の便宜を図るために特別任務に専従するものも定められている」[13]

日共の一九五二年に起こした武装闘争は、取り締まる警察側からは「集団犯罪」だが、その全体像は、警察庁刑事部犯罪捜査課が記録し[14]、その数は二七〇件である。しかし、これらの「集団犯罪」は詳らかに検討すると、コミンフォルムの革命方針（後方攪乱）に合致している。

その中で知られているのは、五月一日の皇居前広場のメーデー暴動事件、朝鮮戦争開戦記念日の六月二五日の吹田・枚方事件、七月七日の名古屋・大須騒擾事件である。いずれも中核自衛隊が祖防隊を率いて火炎瓶を武器に戦っている。今は一九五二年の騒擾事件と言えば、東京、名古屋、大阪の三大騒擾事件しか知られていない。だが、当時の日本では国内至る所で騒擾事件が発生していたのである。

それから各地の派出所、駐留米軍関連施設への火焔瓶投擲など、今で言う都市ゲリラというか、中東・アラブ圏の新聞報道に見る騒擾事件を彷彿とさせる状況であった。これら二七〇件に及ぶ襲撃事件、騒擾事件は大阪における吹田事件に見られるように日共軍事委員会指導の、人民武装のゲリラ的闘争であった。これらは日共の軍事方針によって計画され実施に移されたのである。

火炎瓶は一九五二年三月一日に神戸の米軍キャンプに投入されて注目された。その時に使用された火炎瓶は、一升瓶にガソリンを詰め、火を付けてから投擲されている。一升瓶では重いし、燃えている火炎瓶の投擲は困難を伴った。それに飛距離は短くなる。その改良を通産省系列下の研究機関の細胞が行い、厚生省衛生試験所発行という体裁の小雑誌『栄養分析表』を日本共産党は軍事部門の担当者へ配布した(15)。

当時のコミンフォルムは日本の革命よりも朝鮮戦争における中朝軍を主体とする共産陣営の勝利を優先させた。コミンフォルムはあらゆる手段を弄《ろう》して日本へ浸透し、米軍の兵站《へいたん》基地を破壊しようとした。資本主義陣営の後方基地・軍需基地と化した日本を壊すことが朝鮮戦争の勝利へ繋がると確信していたのだろう。

(13) 国家地方警察本部『共産主義運動の実態』六頁、一九五四年。
(14) 警察庁『戦後に於ける集団犯罪の概況』一～三頁、刑事警察資料第三三巻。
(15) 検察研修所『日本共産党のテーゼと軍事方針について』三六一～三八五頁、特別資料第四号、一九五二年。

四　メーデー、吹田・枚方、大須の三大武装闘争

枚方における二つの武装闘争を指揮したのは、日共東大阪地区ビューローの軍事委員松村泰雄だとされるが、相談相手がシベリア帰還兵の松元保紀であった。松元保紀は日共守口市委員会の軍事責任者であった。

シベリア帰還兵とは、満洲駐屯の関東軍が日本敗戦に伴いソ連軍の捕虜となり、シベリアに連行され、後に日本へ帰された旧軍人を指した。ビューロー（Bureau）とは事務所のことで、ビューロクラシーは官僚主義、官僚政治、官僚制などを意味したが、共産党用語としてのビューローは、共産党再建をめざすグループを「再建ビューロー」と称したことから、特別の意味を持つようになった。

旧枚方工廠《こうしょう》内に祖防隊の隊員が命を賭けて潜入し、その隊員・閔載是の言葉として「俺たちは工廠に爆破を仕掛けることに命を賭けたんや。電池の配線の手元が狂えばその場で爆死することも覚悟してたんや。工廠爆破は失敗した。しかし俺らはまちがっていたとは思わん。ここで造られる砲弾で祖国の同胞が殺されるのだ。六全協で日本の同志は自己批判して済むかも

しれんが、俺ら朝鮮人の場合はそうはいかんのや[16]」と枚方工廠爆破事件が語られている。

脇田憲一は枚方事件に関わった当事者であり、その著作から闘争に日本人と朝鮮人が共同して戦っていたことが見えてくる。そこには中核自衛隊と祖防隊の活動が生き生きと語られている。五全協における五一年綱領によって明記された武装革命を実現するための軍事組織の名称、Y組織またはYと称された[17]。

大須事件の捜査記録でも日共が企図する共産主義革命のための武装行動を行う組織として軍事組織と呼ばれるものが存在するが、名古屋市におけるこの組織の責任者としての地位に日共名古屋市委員会(いわゆる市ビューロー、市V)軍事委員（いわゆるY部）があると、記録されている[18]。大須騒擾事件の概略について、以下のように簡単に紹介しておきたい[19]。

名古屋市のほぼ中央に、大須という名の、東京で言えばさしずめ浅草といった盛り場がある。

(16) 脇田憲一『朝鮮戦争と吹田・枚方事件』一二〇頁、明石書店、二〇〇四年。
(17) 大窪敏三『まっ直ぐ』二〇四頁、南風社、一九九九年。
(18) 法務研修所『大須騒擾事件について』一七六〜一七七頁、一九五四年。
(19) 前掲書、一頁。

ここからわずか電車通り一本隔てた南側に、今ではもう壊されてしまったが、大須球場と呼ばれた、さして大きくもない野球場があった。

一九五二年七月七日、丁度七夕の夜、この球場で、その年の六月一日、北京で締結されたいわゆる日中貿易協定に参加して帰国した帆足計・宮腰喜助両氏の歓迎報告大会が開催されていた。

一見、軍事闘争とは関係がなさそうな「大須騒擾事件」だが、この騒擾というか、示威行動の指揮は日共の名古屋市軍事委員会が執ったとされ、芝野一三、兵藤鉱二、清水清、金泰杏の四名の軍事委員の名前が挙げられている。

大須球場に集まった聴衆の一部学生、朝鮮人、自由労働者が予め火炎瓶、竹槍、小石、唐辛子等を携帯していたことが問われている。この大須事件は、在日朝鮮人が大挙参加した一九五二年の三大騒擾事件の一つであった。

「吹田事件」は、朝鮮戦争の前線への物資輸送基地と言うか、米軍の兵站基地であった大阪の輸送拠点の破壊を狙った暴動、コミンフォルムからみれば革命的な人民蜂起であった。むろん、李瑜煥は以下のように記した。

「六・二五韓国動乱前夜祭として、待兼山に参集した民戦・祖防隊系学生・自由労働者など約一一〇〇人は、山中にて竹槍を用意し、二隊に分かれて伊丹駐留軍宿舎を襲撃しようとしたが、警備態勢に圧倒されて目標を変更し、一隊は吹田操車場に駐留軍貨車を物色したがこれも発見出来なかったため、再び吹田駅に引き返す途中、警官隊と衝突し、拳銃二丁を奪い、さらに行進中交番二か所を火炎ビン・竹槍で襲撃した。そこへたまたま出合わした駐留軍司令官クラーク准将の自動車に火炎ビンを投げ込み、顔面に火傷を与えた。また吹田駅付近における警察側の一斉検挙に対しては、火炎ビン・竹槍などをもって抵抗し、両方に多数の負傷者を出した。他の一隊も枚方市の軍需品製造工場に火炎ビンを投げ、警官隊に激しく抵抗したため警官隊は発砲した。このときの検挙者は一一三名であった[20]」

問題は、どうして大阪周辺に集中して騒擾事件というか在日朝鮮人の闘争が起こったのかということであろう。単純には在日朝鮮人が多く住んでいたということである。

では何故に多く住んでいたのか。他にも多数の居住者がいた地域はあった。東京都・神奈川・山口・福岡県などだが、関西に騒擾事件が集中した背景には吹田・枚方事件に象徴される

(20) 李瑜煥『日本の中の三十八度線』二一一頁、洋々社、一九八〇年。

「軍需拠点」が大阪に多くあったことが大きかったのではなかろうか。

更に、かつて大阪砲兵工廠は日本の四割の軍需生産拠点であった。主要箇所は米軍の爆撃で地上から姿を消すが、周辺に関連工場は残っていた。朴正熙が推進した韓国の兵器国産化を助けた新日本工機の前身は大阪砲兵工廠の関連工場であった。

四月以降の火炎瓶投擲事件の中で軍事闘争の増大の延長線上にあるものとして、六月二五日午前二時頃発生した小松正義氏宅玄関への火炎瓶投擲事件がある。投げ込まれた火炎瓶は発火し、家屋の一部を焼いた。

枚方警察署は被害者の通報を聞いて、直ちに警察官一二人を現場に急行させた。警察は周辺の山林を捜索し一二人を検挙、最終的には九八人を検挙した。これが、いわゆる「枚方放火事件」である。

小松正義氏宅から、襲撃を受けたとの一報で、枚方警察署は警官隊を出動させている。この小松正義氏宅への襲撃全般の指揮を執った松元保紀は、日共守口市委員（軍事責任者）を務めるシベリア帰還兵であった。いわゆる関東軍の生き残りだ。それに二七歳であり、昭和二〇年夏は二〇歳だから現役兵であった可能性がある。現地召集かも知れない。松元はシベリア帰還兵の経歴だけで推されたが、余り軍事訓練を受けていなかった、ということが当時の資料からは伺える。武装闘争をはじめてから、日共は旧帝国陸軍の経歴を持つ党員に着目し、例えば東京の軍事責任者は下士官であった。

日共守口市委員会の軍事責任者・松元保紀の履歴が、関東軍兵士→シベリア抑留→シベリア帰還兵→日共守口市委員会軍事責任者→枚方工廠襲撃大隊・大隊長ということは、軍事技術と軍事作戦の両面から考えられた人事だと分かる。

襲撃目標とされた小松製作所は一九五二年春には米軍から迫撃砲弾を受注していた。山陰に隠れる中朝軍の頭上へ打ち込まれるのが迫撃砲弾だ。迫撃砲弾は幾らでも必要とされていた。

脇田憲一は爆破事件発覚の発端となった日共の「壁新聞」を紹介している。見出しが「小松正義の高級車全焼、家屋にも大損害」だが、問題は書き出しである。

「みなさん！　お聞きになりましたか？

二四日未明ゴウ然たる爆発音が北河内一帯に響きわったたのを。日本に三台しかないといわれる枚方工廠のプレスが河北青年行動隊の手によって爆破されたのだ」以下略。[21]

（21）脇田憲一『朝鮮戦争と吹田・枚方事件』一二四頁、明石書店、二〇〇四年。

みなさんはお聞きになれなかったのだ。枚方工廠内に仕掛けられたダイナマイトは不発であった。脇田憲一はこの壁新聞を犯行予告であり、警察はこの壁新聞から捜査に入ったと述べている。全文掲載すれば、まさに関西漫才のネタになるほどの面白さの壁新聞だが、この壁新聞から脇田憲一は重い罪を問われることとなる。

これら三つの「騒擾事件」に共通するのは、まず、名目を付けて大衆が動員される。次に、日共軍事委員会が中核自衛隊、祖防隊などの精兵に火炎瓶などを準備させる。そして火炎瓶は駐留米軍を目標として投擲された。一見、軍事闘争に見えないがそれは武器が火炎瓶だからであろう。当時の日本では、フランスにおける対独レジスタンスの主要武器が火炎瓶だったと紹介されていた。フランスを占領した独軍を占領米軍に置き換え投擲させたのだ。キューリー爆弾と呼ばれたのは、対独レジスタンスの闘志・ノーベル賞受賞者の名前を借用したのであろう。

日本敗戦後、陸軍工廠枚方製造所は閉鎖され、その大半が連合国軍最高司令官総司令部（GHQ）の賠償物件となった。一九五二年四月二八日にGHQによる占領が終わり、小松製作所に九億四二八五万円で払い下げられた。小松製作所は既に米軍から大量の砲弾を受注し、払い下げに先立って工廠を使い、砲弾の生産を開始していた。そのため、日共や北朝鮮系の在日朝鮮人が反対運動を起こしていた。

「朝鮮戦争勃発二周年記念日を控えた六月二四日夜、豊中市柴原、通称待兼山大阪大学北校校庭で、朝鮮人・民主青年団員・自由労働者等約一〇〇〇人が集合し、朝鮮戦争六・二五記念日前夜祭が開かれた[22]」のは、枚方製造所爆破を成功させるために警察の目を引きつけるためであった。

開戦二年の記念日前日の一九五二年六月二四日未明、枚方製造所に侵入し、時限爆弾を取り付けている。さらに、開戦記念日の六月二五日午前二時頃、小松正義氏宅を小松製作所の関係者と誤り、火炎瓶で襲撃をしている。

この枚方事件と言えば、経済評論家の長谷川慶太郎が参加したことでも知られている。長谷川慶太郎は小隊長として小松正義氏宅襲撃に参加している。

小松製作所は吉田茂首相の実兄、竹内明太郎が石川県能美郡小松町に設立した機械メーカーである。小松正義氏はたまたま名前が「小松」であったため誤って襲撃を受けた、と見られて

(22) 大阪府警察『大阪府警察史』三四六頁、一九七三年。

いる。

この枚方放火事件では松元保紀の下、日共は襲撃のため三中隊からなる一大隊を組織し、その第二中隊第一小隊の隊員として脇田憲一も加わっている。

「六月二四日夜半、一本松の丘上において人民大会が開かれ、松元保紀より大会の歴史的意義、参加者全員をもって河北解放青年行動隊を結成すること、別働隊が旧枚方工廠の水圧プレスをダイナマイトで破壊し警察より追われていること、別働隊の脱出を援護せねばならないこと等について演説し、続いて杉林正許より河北解放戦線綱領及び規約の朗読が行われた[23]」

朗読した杉林正許は阪大生で、第一中隊の中隊長を務めている。この第一中隊は二個小隊で編成され、その第一小隊を指揮したのが長谷川慶太郎・小隊長であった。この河北解放青年行動隊を実働部隊とした、河北解放戦線の綱領は三箇条からなり、
一、アメリカ帝国主義を粉砕する。
二、吉田自由党政府とその手先を粉砕する。
三、河北を解放し民族解放民主政府を樹立する。
それにしても一個大隊、一〇〇人を若干越す規模の青年行動隊で「河北」というから、大阪府河内地区、旧河内国の北部を指すのだろうが、勇ましかった。

この記念日前日の午後八時頃より、ひらかたパーク裏の鷹塚山（通称・一本松の丘）で「朝鮮戦争勃発二周年記念前夜祭」名目で青年行動隊結成集会が開催され、約一〇〇人が動員されている。その前夜祭終了後、小松製作所の関係者と目された人物の自宅、小松正義氏宅の襲撃を目的に、付近の山に入り竹や木を伐採し、竹槍・棍棒《こんぼう》の製作に掛かっている。しかし、主たる武器は日共が「革命技術委員会」の名前で配布した『栄養分析表』に基づくラムネ弾と火炎手榴弾（キューーリー爆弾）であった。一般に「火炎手榴弾」は「火炎瓶」と呼ばれた。

「枚方市警察署は、午前二時五〇分ごろ、小松宅から火炎びんを投入されたという電話による被害通報を受けた。同署では待機中の橋本・平群両警部補ほか一二人の署員がウェポン車で小松方へ向かった。さらに平群警部補は、犯人は山手に逃げたということを聞き、二人一組の捜査隊を編成して犯人の検挙に着手、払暁までに一三人を逮捕した[24]」

山手に逃げた犯人の中に長谷川は混じっていたのだろう。長谷川を逮捕できたのは、顔に特徴があり、それを現場で目認していた警察官に逮捕されたのである。日常の阪大細胞での活躍

(23) 法務研修所『吹田・枚方事件について』四四二～四四三頁。
(24)『大阪府警察史』第三巻、三五四～三五五頁。

で面が割れていたのだった。

旧枚方工廠での払い下げ前からの小松製作所による砲弾製造は、在日朝鮮人組織であった祖防隊の攻撃目標と化していた。一九五二（昭和二七）年六月と言えば、朝鮮半島では激しい消耗戦が行われ、米軍へ供給される日本からの砲弾が、朝鮮人民軍の頭上に雨霰《あめあられ》と降り注がれていた。祖防隊は、人民軍のために旧枚方工廠へ潜入、爆破にかかったのである。

五　河北解放戦線・長谷川小隊長の反省

河北解放戦線に参加し、逮捕された長谷川慶太郎には、『組織の戦闘力』『軍事頭脳を持っているか』などの著作がある。これらの著作で、長谷川が「軍」に関心を持ち、その知識の深さはよく知られている。長谷川は経済評論家である。何故に軍事知識に通暁しているのか。長谷川は以下のように語っている。

「私は、第二次大戦が終わった時、旧制高校の一年生だった。祖父が蔵前職工学校（いまの東京工業大学の前身）、父が富山薬専から東大専科といずれも理科系を歩んできたから、私自身も何の疑問も持たないまま当時の第八高等学校理科に進学した。たまたま、私より一年年長の従兄が八高に入っていたし、親戚にも八高出身者がいたこと、母の郷里が岐阜県中津川だったなどの理由で、八高を選んだにすぎない。ここで敗戦を迎えた私は、〝日本がどうして戦争に敗れたか〟というより、〝どうして戦争をやったのか〟に強い関心を持った。戦争中、陸士、海兵など軍学校はもちろん、海軍の予科練、陸軍の特幹にも志願しなかった私は、旧制中学での軍事教練以外に、正規の軍事教育を受けた経歴がない(25)」

この「はしがき」で長谷川自身が強調していることは、正規の軍事教育を受けていないが、軍事には若い時から深い興味を抱いていた、と述べている。但し、その青年期に長谷川は『さくら貝』という冊子を読んでいたから、と憶測している。『さくら貝』は、新しい軍事方針の理解と実践のために、日本共産党が非合法に出版した冊子であった。

攻撃を終えると、隊員達は算を乱して山中へ向かって逃走した。攻撃前の統制ある行動はみられなかった。観照堂付近でようやく立ち直り、追跡してきた警官隊と一戦を試みたが、二発の銃声を聞くと算を乱して逃亡している。(26)長谷川に戦闘力とは何かを考えさせる体験であった

(25) 長谷川慶太郎『組織の戦闘力』一頁、東洋経済新報社、一九八六年。
(26) 法務研修所『吹田・枚方事件について』四四四頁。

ろう。

その『組織の戦闘力』を刊行してから一〇年経過して、一九九七（平成九）年古希を迎えた長谷川は『軍事頭脳を持っているか——日本人は無防備すぎないか』（青春出版社）を著わした。長谷川は、その「はしがき」に、「自国の主権を外敵からの侵害に対して守り抜くことは、それこそいかなる国家にも求められる基本的権利」だと述べている。ペルーでの人質事件を例にあげ「反社会的な行動をとる〝ゲリラ〟には一歩たりとも譲歩は許されないという発想を尊重しないでは正確な情勢分析などできない」とも述べている。

「権力者の自浄作用があり、国民の生活水準を向上させる経済成長が可能な国においては、社会革命はほとんど存立する余地がない[27]」とも述べている。

軍事的に見れば、いずれの民族解放闘争も成功するという保証はどこにもない、と毛沢東の軍事思想には限定条件があったと主張する長谷川の脳裏には、毛沢東への批判に充ち満ちていたのであろう。

河北解放戦線の武装大隊の小隊長として、戦闘により真価を発揮するどころか、一晩で崩壊した現実を直視している。長谷川が「指揮官が勝敗を決める」とは、日本共産党所感派の志田重雄を指していたのだろうか。それとも枚方市の軍事委員なのか。実際の指揮を執った大隊長・松元保紀を指したのだろうか。

小松正義氏方の居宅の下手約一〇メートルの地点から枚方公園駅前付近にかけて第一中隊は散開する。第一中隊は杉林正許が指揮し、二つの小隊からなる第一中隊の第一小隊は長谷川が隊長を務めていた。長谷川小隊は二つの分隊から構成されていた。この突進する第一中隊に待機していた第三中隊の康胤著隊長が第一小隊の先頭に立って棍棒で小松正義氏宅玄関を乱打、硝子戸を打ち破った。それを見届けて第一小隊の隊員は火炎瓶を屋内に投擲している。

これらの著作で長谷川は、河北解放戦線の一兵士というか、末端の指揮官として参戦した体験を語っていない。恐らく、その時の苦い思いが昭和の終わり、昭和二七年の大阪砲兵工廠の後継企業へ突入してから三〇年以上経過して、五〇代の終わりで還暦を迎えるに当たって『組織の戦闘力』を著したものと言えよう。その時は中曽根康弘首相の相談役を経て、国政全般を眺められる管制高地へ立ち得た自信が、この著作には反映している。それから一〇年経過して古希を迎え、『軍事頭脳を持っているか』を著しているのだが、「暴力革命は自滅しかない」と

(27) 長谷川慶太郎『新「戦争論」の読み方』二一一頁、PHP研究所、二〇〇二年。

歴史が証明する、と章立てして論じている。

一方、河北解放戦線の武装蜂起を鎮圧したのは大阪府の警察部隊であった。その河北解放戦線の行った武装闘争で、長谷川が最前線の指揮官を務めていた。

日共の軍事方針で戦われた武装闘争である「枚方事件」を「枚方放火事件」とされるのは、この小松正義氏宅への火炎瓶投擲が火災を引き起こしたからである。日共の指導下に武装闘争の最前線で武器を持って警察官と対峙した長谷川は、後年「暴力革命は自滅しかない」ことを歴史は証明すると述懐している。

レーニン・スターリンの推し進めた共産主義革命は、被支配階級の側の武装闘争に正義を、絶対的な正義があると主張した。

レーニン・スターリンは国家権力を獲得すると「独裁を強化して、秘密警察と暗黒裁判所と強制収容所をつくる。国家の手で暗殺とテロをさらに盛大にやる」(28)。その上にコミンテルン・コミンフォルムを結成し、平気で暴力革命の輸出を続けた結果「どれだけ世界を苦しめたか」と長谷川は述懐した。解説でなく、述懐となっているのは日本共産党国際派の一員としてテロの最前線に自身が立たされた体験に裏打ちされた言葉となっているからだ。

六　スターリン批判、武装闘争の終局

ソ連首相のスターリンは、一九五三年三月五日に死亡した。ソ連の首相というよりも国際共産主義運動の指導者であったスターリンの死亡は、株式市場で軍需株の暴落を招いた。この年の七月には朝鮮半島での戦いは止み、国連軍と中朝軍の間に休戦協定が調印された。朝鮮半島で戦う国連軍の後方攪乱工作であった日共の武装闘争が戦う意味をなくした。

一九五五年七月に日共は第六回全国協議会（六全協）を開き、武装闘争の放棄を決めた。六全協は極左冒険主義の排除を決めただけでなく、指導者の交替を促すこととなった。そして日共の武装闘争を支えていた祖防隊は御用済みとなった。むろん、六全協開催以前の五月には、日共の指導を受けていた民戦は解散し、北朝鮮の海外公民（在日朝鮮人）の利益を守る組織として在日本朝鮮人総聯合会（朝鮮総聯）が結成されていた。翌年（一九五六）にはコミンフォ

（28）長谷川慶太郎『軍事頭脳を持っているか』一八六～一八七頁、青春出版社、一九九七年。

ルムが解散した。スターリンの死後、スターリン批判を受けてのコミンフォルムの解散であった。

スターリン批判とコミンフォルムの解散は、一国一共産党の縛りが解けたことを意味していた。曖昧であった日共と朝鮮総聯の間の境界が明らかになる。日共は日本人に限定された組織になり、この時の朝鮮総聯は朝鮮籍の在日朝鮮人の組織となったからだ。その結果、日本人と朝鮮人のコミュニストが共同で戦った武装闘争の責任が曖昧にされた。その曖昧さの中で、日共も朝鮮総聯も武装闘争の責任を放棄して今日に至っている。

（初出　亜細亜大学アジア研究所紀要第42号、二〇一六年三月）

二章　日本も戦場だった朝鮮戦争——在日朝鮮人と中国共産党

一　日本共産党の武装闘争＝朝鮮戦争の後方戦線＝の知られざる実相

国連軍への圧力だった日本共産党の武装闘争

二〇一五（平成二七）年一月、パリで、イスラム過激派に所属するテロリストによるシャルリー・エブド紙襲撃事件が起きた。イスラム教を固く信じる移民二世らによるこの事件が連想させたのは、朝鮮戦争時に日本共産党の在日朝鮮人部隊「祖国防衛隊」が行った武装闘争である。両者には、移民、民族間軋轢《あつれき》、先進文化への反感という共通項があった。共産主義暴力革命と過激イスラム原理主義と掲げるものは異なるが、ともに暴力・殺人・虐殺をも肯定するマキャベリズムを内包している点でも共通している。

パリの襲撃事件は世界を震撼させたが、それと同じ、いやそれ以上の規模の破壊活動だった日本国内の武装闘争について日本人は忘れてしまっているのではないか。改めてその実相を検証してみたい。

金日成によって一九五〇（昭和二五）年六月二五日に始められた朝鮮戦争は一九五三年七月に休戦となる。この戦争は朝鮮半島を南北にローラーをかけるように展開したが、五一年四月に国連軍司令官だったマッカーサー元帥が解任されると、もとの南北の境界、三八度線に近い形状で戦線はほぼ固定化した。

同年七月には休戦交渉も始まったが、一方で、朝鮮半島の三八度線以南ではゲリラ部隊の討伐が続けられた。休戦交渉が行き詰まり、国連軍が北進の気配を見せると韓国内のゲリラの動きが活発化した。ゲリラ部隊は智異山一帯に集まり、休戦交渉への圧力を強めた。そのゲリラ部隊、朝鮮労働党指導下のいわゆる「南部軍」は二万人に達し、その討伐に韓国軍の精鋭が投じられている。

国連軍の北上に圧力をかけたのは南部軍だけではない。国連軍の後方基地であった日本で、日本共産党の指導の下で行われた武装闘争も、国連軍への圧力として展開された。

軍需物資の輸送基地や、後方基地で慰安している米軍将兵への攻撃は日本共産党軍事委員会の指揮で行われたが、主力を構成したのは北朝鮮の国旗を掲げる在日朝鮮人集団・在日朝鮮祖国防衛隊であった。

その武装闘争を指導した日本共産党（以下日共）の当時の指導者は徳田球一であった。その当時、徳田球一は北京に在住し、軍事委員会を鼓舞した。

この構図が、日本が朝鮮戦争のもう一つの戦場となった背景を考える鍵である。

在日朝鮮人が支えていた国内の共産主義運動

日本の共産党組織には一九三五年から在日朝鮮人の社会主義者が参加し始め、一九五五年に両者が分かれるまで彼らが日共を支えた。それは朝鮮人共産主義運動の研究者として知られる坪江豊吉が「日常活動において日本人一般に比してはるかに執拗・果敢・猪突的であり、しかもその担当する闘争任務は、配布係、行動隊などのつねに危険な第一線方面であるにかかわらず、もっとも勇敢に活躍した」（『在日本朝鮮人の概況』）と記録されていることから推察される。

日共の指導者の一人で詩人でもあった中野重治には、金浩永に贈る詩「雨の降る品川駅」という有名な詩がある。その詩の中で「日本プロレタリアートのうしろ盾まえ盾」と在日朝鮮人は形容されている。まさに、後盾、そして前盾となって国際共産主義運動に殉じて日本の革命のために在日朝鮮人は〝奮闘〟していた。

共産主義インターナショナル（第三インター）は略称でコミンテルンと呼ばれたが、それは各国の共産党が集まって世界革命を実現させようとする組織であった。国際共産主義運動の参謀本部である。そのコミンテルンの指導下に朝鮮共産党が組織され、一九二〇年代には、朝鮮共産党日本総局があった。それが在日本朝鮮労働総同盟、略称「労総」を指導していた。

労総は、朝鮮共産党日本総局の日本共産党への発展的解消と連動して、日共の組織していた労働者部隊の日本労働組合全国協議会（全協）に解体・合流した。その労総の解体を決めた一九二九年一二月当時の最高幹部が金斗鎔であり、幹部に金浩永がいた。金斗鎔は戦後の日共朝鮮人部門の理論的リーダーとして、一時期金天海を助けた。東京帝大卒で、極めて頭脳明晰であり、戦後の日本共産党の再建時に金斗鎔は『前衛』誌などで健筆を振るっている。

中野重治によれば、金浩永と留置場を共にしたこともあったという。「金浩永（崔徹）に贈る」（正しくは「李北満、金浩永におくる」）ということの意味は、金浩永が労総から全協にかけての在日朝鮮人解放闘争の指導者であったことを考慮に入れると読めてくる。

敗戦後に日共幹部の出獄運動を押し進めたのが、全協のリーダーであった金斗鎔であった。金斗鎔は一九四五年九月、「政治犯釈放運動懇談会」を開き、自らが委員長になって「政治犯釈放推進連盟」を結成した。ここで、日共の再建について協議されたのである。これには、朴恩哲も参加している。そして、九月二五日に総司令部（GHQ）に出頭して、政治犯と思想犯の即時釈放を陳情したのであった。

斯《か》くして、一〇月一〇日にGHQは政治犯の釈放の指令を出す。徳田球一、志賀義雄、金天海が出てきた。金斗鎔は主として全協の神奈川を動員し、八台のトラックに数百人が分乗して府中刑務所に赴き、出迎えたのであった。その第一声が「天皇制打倒」であった。徳田球一もこのスローガンは好きだったが、それは沖縄の血を受けているという徳田球一自身のアイデンティティのためだった。金天海も在日中はいつも、このスローガンを唱えていた。

徳田球一と志賀義雄には『獄中一八年』（時事通信社、一九四七年）という共著がある。徳田球一はその日のことを、「一九四五年一〇月一〇日、一八年の監獄生活の後に、我々は、府中刑務所の鉄の大門を開いて、再び社会へ出た」と述べている。そぼ降る雨の中に、在日朝鮮人が出迎えてくれたことも徳田球一は記している。志賀義雄も「雨の中を、赤旗を振りながら待ってくれている人達の姿を見て、みな感慨の深い顔をしていた」と記録している。

出獄した金天海の指導の下、一〇月一五～一六日に在日本朝鮮人連盟（略称・朝連）の結成大会が開かれた。日共機関紙『アカハタ』は発行人を志賀義雄として一〇月二〇日に復刊された。

朝連の結成について、朝連自身は、「一九四五年一〇月一五日、各界各層の広範な朝鮮同胞を網羅した海外僑胞組織であり、彼等の意思と利益を代表する民主主義的な愛国組織である朝連が結成された」と記している。

しかし、結成はこの言葉通りのものと言えるものではなかった。朝連が日共と完全に一体となって、日本の民主革命を目指して人民闘争を展開したからである。それは、日本プロレタリアートのうしろ盾、まえ盾としての活動であり、日共の前衛的実力行使部隊として大きな役割を果たしたからでもあった。

朝鮮戦争、開戦前夜

一九四九（昭和二四）年九月八日、法務府特別審査局は、朝連のほか、在日本朝鮮民主青年同盟、在日本大韓民国居留民団宮城県本部、大韓民国建国青年同盟塩釜本部に対し、団体等規正令を適用、それぞれに解散命令を下した。これを受けて朝連は解散した。日共の金天海政治局員を含む朝連側の幹部二九人も公職追放された。この公職追放者の中には、後の朝鮮総聯の指導者となった韓徳銖も入っていた。

適用された団体等規正令は、「秘密的、軍国主義的、極端な国家主義的、暴力主義的及び反民主主義的な団体の結成及び指導並びに団体及び個人のそのような行為を禁止することを目的とする」もので、政治団体に登録を義務づけ、構成員の氏名、政治的・思想的経歴などを記載して届け出ることや機関紙の提出を命じていた。この団体等規正令のルーツは、一九四六年二月に制定された勅令一〇一号であり、日本の軍国主義を一掃し民主化を図るというポツダム宣言に沿って作られたものであった。それが今度は「暴力主義的及び反民主主義的団体」とみられた左翼団体、主に共産党を標的にしたものとなったのだ。

ちなみに、朝鮮総聯（朝連の後継組織である在日朝鮮統一民主戦線＝以下民戦＝の解散後に設立）は、朝鮮に対する侵略戦争を準備していたアメリカが日本当局に指示して強制的に朝連を解散させたと、北朝鮮による南侵で開戦したことが明らかになった現在でも言っている。

この時代の国際共産主義運動の分析者として甲谷悦雄は知られている。その甲谷は、一九五〇年一月四日付のコミンフォルム機関紙一号に掲載された論評「日本の情勢について」で、日共の指導者野坂参三の「平和革命論」を非難して、反米民族解放闘争への決起を督励した背景に、スターリンの朝鮮戦争開戦の決意があったと分析している。

コミンフォルム（共産党・労働者党情報局）とは、第二次大戦中に一旦解散したコミンテルンの後継組織である。一九四七年九月、ポーランドにソ連及び当時ソ連が支配していた各国の共産党代表が集まって組織されていた。

ちなみに、先の野坂参三批判は、日本では、その後日本共産党が武装闘争に走るきっかけとなった「コミンフォルム批判」として知られているが、朝鮮戦争と関連づけた国際的情勢の中にそれを位置づけた甲谷のような認識は、ほとんど広まらなかった。日本共産党が、ソ連を中心とした国際共産主義運動に武装革命路線を押しつけられたというのが一般的な理解であった。朝鮮戦争と関連づけて語られ始めたのはつい最近である。

一方、中国共産党の指導者である毛沢東は一九五〇年二月一四日、帝国陸海軍が解体されて無防備であった日本を名指しし、「日本及びこれと結託する国家の侵略を防止するため」と称してソ連との間に「ソ連・中国友好同盟条約」を結んでいる。常識的にはおかしなこの「友好同盟」の隠された意図も、朝鮮戦争への準備であった。

武装闘争でも在日朝鮮人が前面に

日本の総人口一パーセント以下の在日朝鮮人は、一九四九（昭和二四）年に摘発された公務執行妨害の二一％を占め、一九五三～五四年頃の全密造酒の三〇％を製造していた。覚醒剤の全販売量の六〇～七〇％も彼らが扱っていた。こうした犯罪の中で、特に在日朝鮮人が摘発される比率の高かったのが、集団で行う示威行動の「騒擾《そうじょう》」であった。いわゆる集団暴動である。これなど一九四八年では八三％に上った。この時代に騒ぐのは、朝鮮人であった。ただ、この「集団暴動」は取り締まる側の用語で、在日朝鮮人にとっては権利擁護・獲得のために行われる当然の行為、場合によっては「愛国・愛族運動」であった。

日本の警察が防弾チョッキを装備するようになるのは一九五二年からであるが、それは暴力団やギャンブルに対してではなかった。当時の新聞に「共産党の武力闘争に備える」という記事が写真入りで出ている。日共の武装闘争に備えての防弾チョッキの導入であったのである。その日共の武装闘争を支えたのが在日朝鮮人であった。

朝連が解散させられて、その後継組織が考えられている時に朝鮮戦争が始まってしまった。そこで、日共の地下指導部の志田重男は朴恩哲に対して「祖国防衛の立場から強力な軍事組織を作ってはどうか」と、提案した。そして六月二八日に代々木の党本部で朴恩哲を責任者とする民族対策部（以下民対）の中央会議が持たれ、祖国の防衛と組織の防衛強化のため、軍事活動の指導機関として「祖国防衛中央委員会」を組織することを決めた。委員は中央民対部員があたり、地域に委員会と隊の組織をすすめるために各地に幹部を派遣することも決めている。

これを受け、六月三〇日には祖国防衛委員会（以下祖防委）東京本部が組織され、速やかに地域ごとに祖国防衛隊（以下祖防隊）を組織することを決議している。七月に入ると各地に委員会と隊が組織されていった。

日共の中央民対では祖防委の組織は一切を非合法とすると決めていた。九月に日共臨時中央指導部は「在日朝鮮人運動について」という重要な指令を出す。それは戦火の朝鮮問題を日本革命の当面する闘争の重要な課題として捉え、「外国の朝鮮内戦干渉反対」「朝鮮から手を引け」のスローガンの下に、日本から戦地に送られる武器の生産と輸送反対闘争へ結集させる、というものであった。さらに党は朝鮮人に運動を任せている現状を打破し、積極的に指導を援助せよ、つまり党の指導を強化すべきだとした。

祖防委や祖防隊が速やかに結成されたのは、朝連の組織した在日朝鮮民主青年同盟がGHQの「団体等規正令」で朝連とともに解散させられた後も、各地に青年行動隊、青年工作隊などが結成されて各種の実践運動を行っていたからだ。これらの朝連系の青年運動体を朝鮮戦争勃発とともに「祖国防衛隊」など非合法の反米武装組織に結成することができ、一九五一年には、朝連系の諸団体の連合組織として「在日朝鮮統一民主戦線」が結成される。これが民戦である。民戦は日本共産党の軍事方針に指導され、火炎瓶闘争等の戦闘的行動で戦後史に記録された。

一方、日共は一九五一年二月二三日から二七日にかけての第四回全国協議会で武装闘争方針を提案する。そして日共は、同年の一〇月一六日から一七日にかけて第五回全国協議会（五全協）を開催して、武装闘争方針の具体化へ、「日本共産党の当面の要求」という新綱領を採択する。いわゆる五一年テーゼである。これは日本での軍事闘争による革命を目指した綱領であった。北京にいた徳田球一らを介した中国共産党の「指導」に従った「軍事闘争」が始まったのである。それはまさしくマルクス・レーニン主義に基づく革命闘争であった。

日共は合法面の臨時中央指導部と、徳田球一、志田重雄の地下指導部という二重組織を作った。そして、五全協以後の武力闘争は、農村が都市を包囲するという中国の革命方式を取り入れた。そのために、第一段階として軍事委員会の指導下に中核自衛隊を組織している。

その武器は敵の武装機関から奪い取らねばならないとされ、手近な敵ということで、ピストルを持った警官が狙われた。一九五二年二月二一日の蒲田署警官襲撃事件などが知られており、これには中央官庁の労働組合員も動員された。二月二八日には荒川署の警官が襲撃されている。それから、警察署や税務署に火炎瓶、エスカレートして硫酸瓶が投げ込まれた。

平壌からの指令が起こした三大騒擾事件

これらを在日朝鮮人運動の研究者で知られる篠崎平治は、北朝鮮から一九五二年三月に「従来の祖防隊の緩慢なる闘争は系統的指導性の欠如、軍事行動の請負主義の誤り」と指摘し、今後の闘争方針として「日共の新綱領および五全協を基礎として、人民共和国の公民としての自覚の下に、より一層の飛躍した闘争をなすこと、及び当面の闘争目標を四・二四、五・一メーデーに主力を集中し、軍事基地・軍需品工場・輸送道路の妨害破壊、民団幹部・米兵の殺害」

などを指令してきたからだと、指摘・分析している。

確かに、これを忠実に果たした結果と見られる民団幹部への暴行事件も頻発した。民団とは、在日大韓民国居留民団を指す。それはまさに朝鮮半島での南北の対立が日本へ持ち込まれた状態、事件であった（「四・二四」とは、一九四八年四月二四日の阪神教育闘争を記念する行動を意味した）。

金日成が当面の闘争目標とした五・一は、朝鮮戦争下の三大騒擾事件と言われる騒乱の筆頭、東京の「血のメーデー」事件となった。

五二年五月一日の第二三回メーデー大会に参加したデモ隊の一部は、日比谷公園前において「人民広場に押しかけろ」と皇居前広場へ殺到した。

日比谷交差点では警察官の停止線を棍棒と竹槍で投打して、封鎖を突破し、GHQ司令部ビルへ殺到した。「アメ公帰れ」を連発・怒号し、壕端に駐車中の米軍の自動車二〇数台を破壊している。

この血のメーデーへの参加者として、後に『玄海灘』などの作品で知られる在日朝鮮人作家の金達寿がいた。金達寿は警官の棍棒で頭を割られ、血を流しながら逃れたそうである。

警視庁は東京・深川枝川町の朝鮮人居住地区を日共の兵器庫とみて六月になって捜査に入っ

ている。それは日共の武装闘争を支えていたのが在日朝鮮人であったことを証明するための「捜査」であった。ちなみにメーデー事件では民戦・祖防隊関係者は一三一人が検挙されている。それらの多くは騒乱罪で起訴された。枝川町居住の在日朝鮮人も多数が逮捕されている。

メーデー事件での警察官の負傷者数は八三二人、そのうち重体八人、重傷数は七一人であった。破壊された警察使用の車は三〇台、奪われた拳銃は四丁であった。尚、警察側の調査によるデモ隊側の負傷者数は三九四人と少ないが、これは病院で確認された人数であり、大半は金達寿のように逃げたのである。

民戦は非合法の闘争団体として祖防委を結成し、その実戦部隊として日共の中核自衛隊に倣《なら》った祖防隊を結成し、中核自衛隊の組織と戦術をそのまま採って軍事訓練を行い、各地で遊撃戦法による反米闘争を行った。五二年の前半だけで、法務府（現・法務省）の統計では七〇件にのぼる。これは被疑者が一〇人を越える反米闘争に限った数である。そして検挙された件数は五二年で二〇四件であり、検挙・起訴された者は一六〇五人に上った。むろんこの人数には日共の党員も含まれている。しかし、検挙人員が三桁、一〇〇人を越えるに至ったのは三月以降である。二月は一三件六一人だったのが、三月には二五件一二六人と倍増している。三月の平壌からの指示が実践されたことを実証するデータであろう。

三大騒擾事件の二つ目が六月二四日の大阪の吹田事件であった。日共ならびに民戦は朝鮮戦争二周年を記念する闘争「解放戦争戦取月間」の一環として第一波攻勢をかけ、焦点を開戦日の六月二五日に当てていた。六月二〇日前後から、「アメ帝を朝鮮と日本から追い出せ」「全大阪の愛国青年は伊丹飛行場、待兼山に結集し、救国行動を起こせ」「軍需工場を襲撃せよ」の反米闘争を鼓舞するビラが配布されていった。大阪・豊中市柴原の待兼山は伊丹飛行場、駐留米軍施設の近くであった。

六月二四日夜、開戦記念前夜祭に参加した民戦・祖防隊を中心に約一一〇〇人が、武装して二隊に分かれて伊丹駐留米軍宿舎を襲撃しようとしたが、警備体制に圧倒されて目標を変更する。そこから「朝鮮戦線向けの軍用列車を阻止」しようと国鉄の吹田駅へ向かう途中で警官隊と衝突し、拳銃二丁を奪い、道路脇の交番を火炎瓶・竹槍で襲撃する。そこで出合わせた駐留米軍司令官クラーク准将の自動車へ火炎瓶を投擲《とうてき》し、クラーク准将を負傷させている。学生・労働者らは吹田操車場内をデモ行進し、貨車を停止させ、警察隊と衝突した。この時に検挙された者は、一一三人であった。

一方、枚方市の旧帝国陸軍造兵廠《しょう》枚方甲斐田工場を小松製作所が払い下げを受け、近く砲弾製造に着手することになっていた。六月二二日、日共枚方市委員会は「アメ帝によって侵略されようとした朝鮮民族が実力で戦いに起ち上がった。六月二五日は近づいた。アジア侵略基地工廠を実力を以って粉砕しよう。東京のメーデーに続け、愛国青年は武器をもって祖国解放に起ち上がれ」という内容のビラを配布している。

この時に実行部隊として河北解放戦線が結成され、一個大隊が組織され、その第一中隊の第一小隊を長谷川慶太郎が指揮し、小松製作所の社長だと誤認された小松正義宅に突入している。長谷川慶太郎は後に軍事問題の評論家として一家を為したが、それにはこの時のゲリラ戦の小隊の指揮を執った体験があったと見られる。

七月に入ると、名古屋市中区の大須球場で赤色中国から帰った帆足計・宮腰喜助の歓迎報告会が行われ、その後一〇〇〇人近い人々がデモ行進を行った。なぜ赤色中国から帰ると歓迎大会が持たれるかというと、当時の日本は占領下から解放された直後であり、まだアメリカ軍を占領軍と見ていて、そのアメリカ軍が朝鮮半島で中国人民解放軍と血みどろの戦いをしているという状況を頭に入れなければならない。当時は多くの日本人が大東亜戦争でアメリカ軍と戦ったことを忘れていなかった。その歓迎大会からの解散した後のデモ行進で警察隊と衝突を起こし、火炎瓶が乱れ飛んだのである。これが三大騒擾事件の三つ目の大須事件であり、一五〇人が騒乱罪などで起訴された。

このメーデー事件、吹田事件、大須事件などの一連の事件では、逮捕者、あるいは起訴された人の中では、民戦・祖防隊に組織された在日朝鮮人の占める比率が高かった。当時の日共には大衆動員可能な団体が少なく、勢い民戦・祖防隊を指導して、在日朝鮮人に強く働きかけたという側面もあったが、その裏には明確な指示系統もあった。日共中央の民対が民戦を指導し、日共の軍事委員会が中核自衛隊に編入していた祖防隊を動員した。それに在日朝鮮人の側には祖国統一のために戦うという目的意識、プロレタリアートの国際的な任務への意識もあった。

これらの騒乱事件によって、共産主義者らは三八度線上の膠着した戦線の北上を牽制することができた。また、日共がプロレタリアートの国際的任務に忠実であった真の姿を庶民に認識させた事件でもあった。

この日共の武装闘争の時代については、幾多の報告書が刊行されている。その中で簡潔にまとめられている「冊子」に『共産主義運動の実態』（巻末付録参照）がある。それによれば、中央軍事委員会の下に九つの地方軍事委員会が設けられ、中核自衛隊の総数は五〇〇隊を数えたとある。日共の革命方式は、労働者のゼネスト武装蜂起とこれを擁護する都市及び農村の遊撃戦によって政権を奪取しようとするモノだった。中核自衛隊の隊員数八〇〇〇人、独立遊撃隊は三四隊、隊員一五四人であった。

これだけの軍事組織を支える資金は莫大であった。山村工作隊方式と言って自給自足の自活が隊員に求められていたようであるが、武器の調達から移動手段への費用は結構かかっている。『共産主義運動の実態』には、その闘争を支えた資金についての記述がある。警察の「極秘」の刊行物だから、その信憑性を疑う向きもあろうが、これらの武装闘争を支えた資金として、赤色中国側の記録に「日本共産党」に対する援助資金の金額が明記されている、という。さらに、当時の共産圏、ソ連、赤色中国、北朝鮮から漢方薬（サントニン）や麻薬及びその原料が供給されたと記載されている。

二　日中北の共産陣営「最大の恥部」ヘロイン

我が国で乱用されている薬物のほとんどは、国際的な薬物犯罪組織の関与の下に海外から密輸されており、最近では、中国及び北朝鮮を支出地とする覚醒剤が大部分を占める――。『警察白書』の二〇〇二年度版の一節であるが、日本は朝鮮戦争の開戦前後にも、中国と北朝鮮からの麻薬・覚醒剤の密輸に悩まされていた。

二一世紀においては「国際的な薬物犯罪組織」だという密輸組織だが、日米の当局は当時の密輸組織の正体を「コミンフォルム」（共産党・労働者党情報局）だと断定していた。

一九四七（昭和二二年）に結成されたソ連指導下の国際共産主義運動組織コミンフォルムは、中国共産党、朝鮮労働党を指揮し、大陸から日本へ麻薬・覚醒剤を密輸していたのだ。日本国内でその受け入れ窓口となったのは、薬物がらみの多くの事件と密接にかかわってきた暴力団ではない。日本共産党であった。

国連での米ソの非難合戦

一九世紀半ば以降、戦争が激しく拡大していたヨーロッパで、戦場の兵士たちにモルヒネは急速に普及していった。そして同時に進行する植民地政策によって阿片はもとよりモルヒネの使用が世界中に広がっていった。

外傷であれ病気であれ、それまでにはないタイプの「痛み止め」の特効薬としてモルヒネは戦場の医師たちに大歓迎された。もちろん、モルヒネ以前にも、阿片などの「痛み止め」の薬はあったのだが、それらは「痛みが和らぎ楽になりました」という程度の効き方だった。ところがモルヒネを投与されると、痛みはすべて消し飛び、それどころか気持ち良くなってしまうほどである。

ケシの実を原料とする阿片は、痛み止めや下痢止めにも用いられてきた。阿片から単離されたモルヒネは、阿片に比べてずっと強力な麻酔効果があった。当初、モルヒネはその鎮静作用に注目が集まり、まず医療の現場で使われた。現在でも末期癌の患者などに投与され、その苦痛を和らげ安らかに永遠の眠りにつくためのツールとして重要な役割を担っている。

そのモルヒネにアセチル化反応を行うとジアセチルモルヒネ、別名ヘロインが誕生する。ドイツ語のHeroisch（英雄の意）を語源として一八九八年に命名された商品名である。ヘロインはモルヒネよりも脂溶性が高く、より強い麻薬作用を引き起こすことから、その製造が各国で禁止された。日本でも製造禁止の薬物である。

第二次世界大戦での帝国陸軍はモルヒネを常備していた。米軍はモルヒネを兵士に持たせている。戦闘時の負傷に備えるためだが、どこかの国の軍隊が兵士にヘロインを持たせたという話は聞いたことがない。早くからその毒性が問題視されていたからだ。

しかし、朝鮮戦争では、米兵の間にヘロインが蔓延し、大きな問題となった。米国の国防総省が持たせたわけではない。米国は詳細な調査の結果、コミンフォルムが日本共産党を通して米兵へ売りつけたことを突き止めた。

一九五二年、国連の麻薬委員会で米国代表が「中共と北朝鮮は、日共の活動資金を賄うため麻薬取引を行っている」と非難した。これに対してソ連代表は「日本における麻薬密売は米兵が行っている」と反論した。

両者は嘘やデッチ上げの応酬をしたのではない。それぞれ真実を述べていたのである。つまり両者の言い分を足しあわせれば、実相がみえてくるのだ。中国と北朝鮮からヘロインを供給された日本共産党が米兵に売り、米兵がさらに仲間へと売りつけることで、米軍内で蔓延したということである。

そのことを指摘した一人が、米国初代の連邦薬物局長官に就任したハリー・j・アンスリンガーである。アンスリンガーは厳しい薬物対策を実行した人物として知られ、「中共から日本へ絶えざるヘロインの流出」があると国連に報告した。

米国労働総同盟（AFL）アジア代表のデヴェラルにも、アンスリンガー・レポートを紹介・引用した『中共の麻薬政策』という著作がある。邦訳書が厚生省薬務局麻薬課（現厚生労働省医薬品局監視指導・麻薬対策課）の推薦付きで刊行（国際文化研究所、一九五五年）されている。内容の正確さに、日本の薬物取締当局がお墨付きを与えた書籍であった。

その厚生省薬務課の課長だった久万楽也氏も一九六〇年に著述した『麻薬物語』で、「わが国に密輸入される麻薬は、主として中共地区より密輸入されたものであるが、中共地区においては〝組合組織〟でケシを栽培してこれよりあへんを採集し、政府管轄の倉庫に集結されるとのことである」と断定している。共産党一党独裁体制下では当然だが、日本への密輸は国家的〝事業〟だったのだ。

武装闘争の資金となったヘロイン

ヘロインが日本で大量に流通するのは敗戦後である。大半は中国共産党支配地域から密輸されていた。中国共産党が満洲地区を軍事的に制圧すると密輸が始まり、朝鮮戦争時に飛躍的に増大した。

前述したように、朝鮮戦争当時、中共・北朝鮮軍と戦う国連軍＝米軍の後方基地となっていた日本では、北京や平壌からの指示により、暴力的な後方攪乱工作が大々的に展開されていた。実行部隊は日本共産党の中核自衛隊であり、その傘下組織である祖国防衛隊（祖防隊）であった。祖防隊は在日朝鮮人の組織で、朝鮮戦争の始まった一九五〇年に結成されている。その彼らの活動・戦闘資金としてコミンフォルムが中共や北朝鮮に命じてヘロインを供給していたのである。

そのことを端的に指摘しているのが、先述したデヴェラルの『中共の麻薬政策』である。「事実は薬品の輸入こそ共産主義者の用いた第一の方法の一つだった。最初に大量輸入された薬は駆虫剤のサントニンで、蛔虫《かいちゅう》禍に悩まされた戦後日本のヤミ市場に売出されたこの薬は巨額の円を党にもたらした。（日本）共産党がヤミに流したこのサントニンはソ連のシベリアとソ連の占領していた満洲から来たものだった。

サントニン密輸が警察と税関の追及および日本自体の駆虫剤の生産により打撃を受けるにつれて初めて共産党のヘロイン密輸の兆候が現れてきた」

武装闘争時の日本共産党の資金事情については、朝鮮戦争停戦後の一九五四年三月、日本の国家地方警察本部が刊行した『共産主義運動の実態』が分析している。

それによると、日本共産党の武装闘争を始めとする地下活動には、幹部を地下に潜行させるための経費や全国約五千と推定される職業革命家の給与、活動費等は勿論、秘密会議場所や秘密印刷所、あるいは連絡場所（アドレス・ポスト）の維持など膨大な費用が必要だった。とくに軍事革命＝武装活動のための各種武器類の製作収集、貯蔵に要する費用や、重要拠点、地域に定着して活発な工作を行っている独立遊撃隊などの軍事活動費の負担が大きかったであろう。

一方、公然面での各種集会、記念行事や機関紙・誌の発行、頒布等活発な大衆カンパニアに対する財政支出も相当多額であった。
戦前の非合法時代にも、日本共産党は専らその資金を海外に仰いでいた。戦後においても、たとえば中国・遼寧省瀋陽で発行されていた『民主新聞』一九五八年三月一四日号に、日本共産党に対する援助資金として六億五七七七万五千人民元、当時の日本円で一千万円を超す資金が送られたことが発表されている。
『共産主義運動の実態』はさらに、日本共産党が武装闘争の資金を海外に頼るうえで利用されたのが薬物だったと指摘する。「中でも武器資金については、非合法手段に訴える獲得手段が指導されているようであるが、このことはただに武器資金に止らず、かつて昭和七（一九三二）年の大森銀行ギャング事件等で周知の事柄となっているように、戦後なお治安機関の目をくぐって行われていることは昭和二四（一九四九）年頃、当時サントニンの欠乏に乗じて党員がこれを広地域に密売した事件が検挙されている事実、また翌二五（一九五〇）年一〇月には現中央部員、元九州地方委員長が、朝鮮人党員から党資金として受取ったヘロイン四五〇グラム（当時時価一〇〇万円以上）を売ろうとして逮捕された事件等の示すところである」（『共産主義運動の実態』）
当時の日本共産党の機関紙『アカハタ』の購読料は一カ月一五〇円だった。この一五〇円

中の一〇〇円は上納し、残りの五〇円は実際に販売を担当した細胞が一五円、分局（地区）二五円、支局（県）七円五〇銭、総局（地方）二円五〇銭と分け合っていた。分配金二円五〇銭を積み重ねて活動資金としていた九州地方委員会にとって、ヘロイン四五〇グラムの代金一〇〇万円は天文学的数字であったろう。

中国共産党が日本共産党を財政支援するために設けられたのが、いわゆる「人民艦隊」であった。日本共産党の地下指導部が海上工作のために、特殊な秘密オルグ（工作者）集団をつくって日本各地の港を出入りする船舶内や港湾関係団体の党細胞に対して指導を展開し、党幹部の海外脱出、国外連絡、密輸等の便宜を図るために特別任務に専従する者が定められた。こうして組織されたのが人民艦隊である。

当時の日本共産党全体の財政は二億円前後で運営されていると推察され、その半額が主として人民艦隊を通じて供給されていた。その数字的根拠は、公安調査庁の高橋一郎次長の発言だ。「党員が一〇万人、一〇万人が一〇〇パーセント党費を納めたとして年に一〇〇〇円ずつとして一億、ところが党員の中で党費の納入率は五〇パーセントに満たないと思う。

それから党費は東京都心でもって大体一人月額七五円見当、田舎の方で五〇円、あれは月収の一パーセント、五千円とっている諸君が多い。どの位使っているかというと府県ビューロー程度で小さい所は五万から八万。一〇万は多い。地区は二万、都心地区は府県段階と同じ。ある所では八万円の中六万円は大口カンパ、その中四万円一口は毎月で、それは誰かというと要するに病院です。これが多い。都心地区ではやはり党員の数が多いだけに党費の全体に占める率が多い。

いずれにしても年額が一〇〇〇円というのは高いのですが、それを納めても一億円ですが、後の一億は事業資金或いは外からの援助でゆかなければならぬ」

さらに高橋一郎次長は、活発な機関紙活動に関して、「ああいうところは中共あたりから水がこないと難しいという感じがする」とずばり指摘していた。中国共産党からの財政援助なしに成り立たなかった一九五〇年代の日本共産党の活動を、日本の公安調査庁は把握していたのだ。

日本への流入ルートと密売事件の続発

日本へのヘロイン流入には当時、幾つかのルートがあった。主な流れは香港から下関・神戸であった。英国の植民地であった香港は、共産党支配下の中国大陸の動向を知る基地ともなっていたが、同時に中共政権の対日工作の基地でもあった。このルートでは貨物船が使われ、取り締まりが厳しくなった日本共産党の武装闘争時代は、先述の人民艦隊が小型船舶、主として漁船で東シナ海の波濤を乗り越えて往来していた。

一九五二年頃までに日本で押収された密輸入ヘロインは、中国製が大半であった。当時の日本共産党指導部も北京に存在していた。製造地は天津で、マカオ製もあったらしい。製造拠点が中国で二つに分かれるのは、罌粟《ケシ》の栽培地が満洲（北方）と四川・雲南（南方）に分かれていたからだ。当時は北方栽培の天津製ヘロインの方の品質が良かった。日本が戦前に満洲で発達させた重化学工業の施設で、ヘロインの製造に必要な化学薬品が生産されていたのだ。

中国では当時から、表向き大がかりな麻薬類の流通を押さえていた。阿片の流通さえ禁じたのだから、ヘロインなど流通するはずもない。それなのに、天津で大量にヘロインを生産している。対米戦争遂行の資金獲得としてのヘロインを販売する必要があったからだと推察される。

もう一つが、北朝鮮からのルートである。密輸ルートとしての「朝鮮ルート」とは、北朝鮮の元山から運ばれたヘロイン対日密輸ルートを指す。これにも小型船舶が使われた。二〇トンくらいの漁船で対馬を経由し関門海峡を抜けて松山、岡山などへ上陸、三〇トン級の船で裏日本の新潟、香住に上陸することもあった。この時代、ヘロインは白色なのだが、北朝鮮製は茶色であり、中国製に比べて精製技術が劣っていたと報告されている。

以下、新聞報道などから明らかになっている中国や北朝鮮がらみの麻薬の密輸事件を列挙してみる。

早くも北朝鮮建国直後の一九四八年一一月には、大阪市内で在日朝鮮人が粗製モルヒネを北朝鮮から密輸し、ヘロインを密造していて逮捕されている。

四九年二月五日、新潟港で漁船共徳丸（八七七トン）が北朝鮮への密航容疑で摘発されている。ヘロイン七三〇グラムが乗組員自宅で押収され、朝鮮人を含む七人が逮捕された。銅線、鉛筆、印画紙などを元山に運び、当地でヘロインを積み込んで帰ってきていた。

一九五〇年一月一八日、東京都文京区で、在日朝鮮人麻薬密輸団が検挙され、ヘロインが押収されている。同じ時に横浜地検は川崎市堀川町の在日朝鮮人麻薬密輸団を摘発している。日本の阿片生産量に近い数字が売りさばかれていた。

朝鮮戦争勃発二日前の一九五〇年六月二三日、兵庫県城崎町で摘発されたヘロインは二キロ近くもあった。逮捕されたのは日本人であったが、元山↓境港の密輸ルートを利用していた。

一九五〇年九月下旬、日本共産党関係者が資金稼ぎのため大量のヘロインを密売するという情報を得て警察は、大がかりな捜査体制を敷いた。朝鮮戦争で苦境にあった国連軍が、反攻のために実施した仁川上陸作戦の直後である。日本共産党の武装闘争の準備が進められる直前でもあった。そして翌一〇月五日、東京都心の銀座、神田で、日本共産党員が党の活動資金調達のためヘロイン約四五〇グラムを密売しようとして逮捕され、他の党員宅でもヘロイン約六五〇グラムが押収された。合わせて約一一〇〇グラムもの大量のヘロインは朝鮮人が元山から日本へ密輸したものであった。

一九五一年二月六日に広島・呉港に入港した英国空母を使って香港からヘロインが大量に持ち込まれた。中国人船員が関わっていた。

同年八月、神戸の麻薬ブローカーが、立川市昭和町一帯の売春婦にヘロインを密売し、摘発された。押収された大量のヘロイン全てが中国製であった。この時代の麻薬の密売は、大都市もそうだが米兵の駐留地に集約されていた。駐留軍キャンプ地周辺で多くの摘発が行われている。

同じ年の六月には東京都板橋区、八月には台東区浅草雷門、中央区銀座と相次いで共産党員がヘロイン密売で摘発されている。中国製でソ連製もあった。

一九五三年度には在日朝鮮人二六一人、中国人三六三人が摘発されている。特に中国人の摘発人数が多い。米兵の中毒患者がこの頃に増えた背景に、中国からのヘロインの供給の増大が関係していた。これらは香港ルートであった。

「愛国的売春婦」が米兵に密売

日本共産党が中共や北朝鮮から受け取ったヘロインを米兵に直接供給していたのは、「売春婦」たちだった。祖防隊が在日朝鮮人女性を売春婦に仕立てて米兵を誘惑させ、ヘロインで骨抜きにしていた。これも武装闘争と並ぶ後方攪乱であろう。日本共産党は「愛国的売春」などという喧伝文句で朝鮮人女性らの愛国心を煽って、売春やヘロイン密売などの「地下活動」に従事させていたのだ。

そもそも、共産主義者が「売春婦」を「闘争」の第一線に使う例は多い。中共軍でも、蔣介石の国民党政府軍を性的に籠絡して戦闘意欲を奪う目的で「売春師団」が編成されていたことが報告されている。もちろん、「敵」の要員を籠絡してスパイに仕立て上げるために「売春婦」を使う、いわゆる「ハニー・トラップ」という彼らの手口もよく知られている。

日本国内の国連軍（米軍）の各基地の周囲には、売春窟、キャバレー、質屋、露店が密集し、売春やヘロイン密売の舞台としては絶好のロケーションだった。厚木・御殿場地区では朝鮮人と中国人の共産主義者（朝鮮人の方が数が多い）が街娼を使って米軍要員にヘロインを売っていたことが確認されている。

ちなみに日本共産党は当時、米兵向けに『ホテル案内』誌を刊行したことが知られている。この英文のパンフレットは、日本共産党がホテル業を始めたために発刊されたのではない。「売春婦」の紹介誌であったとみられているのだ。

ヘロインに癒やしを求めた前線の米兵たち

朝鮮戦争では、北朝鮮軍や中国が派遣した軍隊が半島を南下し、これら共産軍をアメリカ軍が中心の国連軍が押し返すと、中国からの派遣兵力が増加される、といったように、共産軍と国連軍が半島を南北にいきかっていた。

第五次戦役、いわゆる「中朝軍の四月攻勢」では、一九五一年四月二二日から三〇日にかけ、半島にいた共産軍の半数が南下した。総数は三五万人を超えた。

「だが、その雄大な企図と決意に反して、攻撃要領は旧態依然としたものであった。戦車は少なく、砲兵火力もほとんどなく、空軍も参加しなかった。夜になるとラッパを吹きドラを鳴らし、照明弾を上げて歩兵の突撃を繰り返し、夜が明けると斜面の後方に後退して国連軍の砲撃を回避する。その繰り返しであった」（田中恒夫『図説　朝鮮戦争』河出書房新社、二〇一一年）

旧態依然たる攻撃とはいえ、中朝軍の突撃は米陸軍の戦闘意欲に大きな打撃を与えた。撃っても撃っても押し寄せる中国人民解放軍の波、殺しても殺しても押し寄せてくる共産軍兵士の姿に米兵の神経がやられていく。そこに巧妙に浸透してきたのが、恐怖を和らげるヘロインだった。米兵にとって悪夢というしかない戦闘であった。

心的外傷後ストレス障害（ＰＴＳＤ）の発生は、兵士自身の死への恐怖もあるが同僚が死ぬ凄惨な姿を目撃することに加え、敵兵を殺したことの自責の念も加わったであろう。それにバッタバッタと殺したわけだから米兵の受けたＰＴＳＤは凄かったのだろう。

朝鮮半島における共産主義との戦闘で、帝国陸軍を破った米軍が勝利を諦めたのは、豊富なヘロイン供給のためであった。如何に兵器が優秀でも、陸上で戦うのは生身の人間である。生身の人間は殺される恐怖、殺す恐怖との戦いの日々をヘロインで癒やした。そうして癒やされた兵士が戦闘能力を喪失するに時間はかからない。

自虐史観が隠蔽した共産主義者たちの大罪

日本国内でヘロインを流通させた中国共産党、北朝鮮・朝鮮労働党、そして日本共産党の犯罪行為は、いまではすっかり忘れられている。その一因として挙げられるのが、戦前の日本（帝国）を悪玉視する自虐史観である。そこでは、日本が当時、大陸で阿片を売買し、軍の資金としていたことが殊更に取り上げられる。

阿片にかかわる自虐と贖罪が入り組んだ歴史観に基づく著作は多いが、代表例は倉橋正直の『日本の阿片戦略』『日本の阿片王』『阿片帝国』（いずれも共栄書房）といった一連の著作だろう。『阿片帝国』（二〇〇八年）では、「日本は世界一の麻薬生産国であって、阿片・モルヒネ・ヘロインなどの毒物を大量に、かつ長期間にわたって中国や朝鮮をはじめとするアジア諸国に密輸した」と書いている。

阿片、モルヒネ、ヘロインを毒物だと断定し、原料であるケシの栽培やそれらの薬物の製造を厳しく批判する倉橋だが、阿片とモルヒネは薬物として用いられていることを失念している。また彼は、他国の生産量を調査して、日本を世界一の麻薬生産国だと述べたのだろうか。

帝国が中国大陸（満洲国熱河省）でケシを栽培していた当時のことを調査・研究した内田知行の「中国抗日根拠地におけるアヘン管理政策」（『アジア研究』Vol 41、No 4、一九九五年）によれば、帝国との戦争遂行過程で、中国共産党も根拠地内におけるケシの栽培を認め、組織的に根拠地外へ販売していた。

内田は、中国共産党は阿片の生産・管理販売を帝国との戦いのなかで余儀なくされた、と同情的だが、定時秀和は「日本の阿片侵略と中国阿片の抵抗について」（『歴史研究』Vol 30、一九九三年）で、帝国も中国共産党も中国国民党も大陸でのケシの栽培と阿片製造に関して同列に論じている。そして倉橋らの主張は、「日本の阿片政策に対抗する中国政府の禁煙政策という形で問題を単純化し、勧善懲悪論的結論に終わっている」と指摘している。

私に言わせれば、倉橋の主張は、勧善懲悪どころか日本を非難することで、国際共産主義運動がヘロインを日本に向けて密輸していた巨悪を覆い隠す作用を果たしている。国際的に生産が認められている阿片・モルヒネと国際的に製造が禁止されているヘロインを同列に論じて、ヘロインの製造・販売が人類に対する罪悪であることを曖昧にしているからだ。

倉橋の著作の他にも、「阿片王」と呼ばれた里見甫を取り上げた西木正明『其の逝く処を知らず　阿片王里見甫の生涯』（集英社、二〇〇一年）、佐野眞一『阿片王』（新潮社、二〇〇八年）が、阿片をめぐる帝国悪玉論の著作として有名だ。だが、中国共産党の建国当初の苦しい国家財政を支えたのは「阿片」の輸出であったことは知られている。里見甫が「阿片王」ならば、ベトナム戦争当時、神奈川県下で「周恩来のヘロイン」という呼称に名を使われた周恩来は、さしずめ「ヘロイン皇帝」、「ヘロイン帝王」だろう。朝鮮戦争当時と同様、ベトナム戦争時にも、米軍基地のある神奈川県内では米兵のヘロイン禍が問題にされていたのだ。

コミンフォルムは共産陣営の勝利のために、あらゆる手段を弄して日本にヘロインを密輸し、米兵へ売りつけていった。スターリンの指導下、コミンフォルム、そして中国共産党や朝鮮労働党はヘロインを販売して戦争費用を調達し、米兵を麻薬禍に陥れ、その戦闘力を削った。まさに一石二鳥だった。日本共産党、そして在日朝鮮人の祖防隊は、米兵へのヘロイン密売で得た利益で朝鮮戦争の後方戦線を戦った。

朝鮮戦争の休戦後も中国共産党はヘロインの密輸を続けた。その意味は今後の研究課題でもある。その時にはコミンフォルムが解散していたからだ。

（初出　産経新聞社『正論』二〇一五年六月号、七月号）

【付録】

昭和二十九年三月

共産主義運動の実態

――とくに日本共産党の地下活動について――

国家地方警察本部

おことわり：資料は筆者の責任において現代かなづかいにしています。明らかに誤植と思われるところは訂正しています。

目次

頁

一、当面の治安情勢

最近、共産党の指導によるいわゆる火焔瓶闘争、とくに皇居前広場におけるメーデー事件のような大規模な騒擾事件が発生を見ないことなどから、党を中心とした革命勢力による治安の問題はさしたるものではないと考える向きがあり、ことに昨年十一月、党がいわゆる中間綱領なるものを発表して「何よりも先づ統一戦線と党の強化」という一見地味な戦術を打ち出したことから、党の軍事活動が殆んど停止したかのように考える向きがかなり多くなっている。しかし、これは事の表面だけを見てその真相を見落しているばかりでなく、むしろそのような見方は全く誤っているといわざるを得ない。

なるほど、党とその一連の勢力によって惹き起される武器使用の各種不法事件の件数が、最近減少していることは事実である。

しかし、その中間綱領といわれるものは、従来党が国内外の状勢を著しく自己に有利に評価して革命の時期が近いものと判断し、いわゆる反米、反吉田、反再軍備統一政府（いわゆる三反統一政府）の樹立を当面の目標として活動してきたのを大きな誤りであると反省したものであり、言葉をかえると、現在敵味方の力関係を考えれば党勢力はまだ弱い、だから当面では直接統一政府の樹立を目標とする段階ではないとの判断に立ち、まず何よりも平和と民主主義と生活を守るスローガンを掲げ、国民各階層のあらゆる日常卑近な要求をこれに結びつけて各種闘争に盛りあげ、逐次国民的統一行動に組織してその中から反米、反吉田、反再軍備統一政治戦線をつくりあげることを戦術上の重点としているものである。いわば党の基本的な革命方式である「労働者、農民による政治ゼネストと武装蜂起、これと都市と農村のゲリラ戦」を決定的に敢行するための準備態勢を、国民的統一行動、とくに労農大衆の政治的統一戦線化という巨大な貯水池の中から大規模につくり出そうとしているのであり、このような政治戦線の結集に奉仕する軍事方針そのものには、いささかの変更もなされていないのである。

以上のように、このいわゆる中間綱領はあくまでも過渡的な行動綱領なのであり、従来の情勢判断の独断さを捨て、より現実的な判断に立って、当面地道な、しかも根強い大衆への働きかけの中から国民的ゼネスト武装蜂起の態勢を盛りあげることを、行動指針としなければならないといっているに過ぎないのである。

したがって、それはたしかに戦術の表面にあらわれた形では、一歩退却のようにみられるけれども、実質的には革命の目標に向って二歩も三歩も前進したものであり、治安の観点からするとむしろ恐るべき転換であるといわなければならない。つまり今後党の闘争戦術は、従来のように大衆からかけ離れ、ことに職場や農村での労農大衆の実力行動とかけ離れた独りよがりの街頭的火焔瓶闘争を行うのではなく、あらゆる大衆組織の中に潜入し、いわゆる保守思想や「社会民主主義的な思想につなぎとめられ毒されている」と党がいう労、農、市民大衆の意識を武装闘争意識にまで変革するための極めて本格的な活動となって現われ、そのために専ら大衆行動の統一の中で、地味な宣伝、啓蒙、説得、世話役活動などによって党独自の戦術展開を図ろうとしているのである。

しかも、そのようにすべての大衆行動の組織の内側から抵抗意識――抵抗行動――革命的行動を次第に発展激化させ、とくにいわゆる社会民主主義的指導者の孤立化を狙ってこれを突きあげるために、大衆団体の下部から職場委員会、工場委員会、ストライキ委員会などを組織し、積みあげ、そのテコ入れによって次第に指導権を握ろうと策しているのである。この意味からいうと、わが国最大の労働組合の協議体である総評の指導方針が組合単位というよりもむしろ職場闘争、地域闘争に重点をおき、しかも、かなり政治闘争本位に偏って農民、市民との共闘を打ち出すなどすでに労働組合主義の枠外にふみ出したものとなっている現在、たとえそれが党と一線を画するといわれるものであっても、実際問題としては、党のこの統一行動――戦線の強化という新しい方針の実践によって内側から喰い荒される可能性を濃くしているということは否定し難い。

昨秋から年末に亘って展開された国鉄の賜暇闘争に際し、新潟、広島など一部地方本部の傘下地域にみられた党との共闘戦術会議や、共闘戦術方針による実力行動が交通機能の部分的麻痺状態を招き、結果的に党の狙うゼネスト武装蜂起の部分的萌芽形態を現出したことなどは、その一つの格好な事例とみられる。このように、党は重要基幹産業経営の組織労働者を狙って統一委員会や、労働組合内のグループ（共産党フラクション）を通じての喰い込みは勿論、経営細胞によるさまざまな潜行的な働きかけによって一般労働者大衆に対して議会主義思想の打破＝軍事思想の浸透普及を策しつつあるが、とくに青年婦人の常設的行動組織に対しては、それが客観的に党の狙うゼネスト武装蜂起の際の大衆的軍事組織となりうることに着目し、これに強い働きかけを行うべく企図しており、今後、これら行動隊の常設化傾向と相俟って党の軍事的働きかけは一段と熾烈化する気配がみられる。

何れにしても、かつてのようなメーデー事件、吹田事件、名古屋大須事件のような大衆的騒擾事件や、街頭的火焔瓶事件の発生がないという治安状勢の表面だけをみて、党が武装蜂起――暴力革命の企図を棚上げしてしまったのだと速断するならばそれは重大な過誤を犯すこととなる。党は勝利の可能性があればいつでも武装蜂起－暴力革命を実行するものであり、現にその可能性をつくり出すために気長に見えても堅実さをもった中間綱領による戦術展開を地道に行おうとしているのであり、これはかつてみられない党の成長を意味するものといわなければならない。

事実、党は以上のように「何よりも先づ統一戦線と党の強化」という地道な活動方針を実践するとともに、他方この実践を推進するテコとして、いよいよ中核自衛隊、遊撃隊などの大衆的軍事組織を拡大強化するために従前以上の努力を傾けているのである。すなわち昨年来とくに生産点（職場、部落）の闘争の中から着々中核自衛隊の組織を生みだし、また、生活点（市民、居住）のうちから選抜した職業的な軍事要員をもって独立遊撃隊を編成し、それらの大衆軍事組織を地域的に統一指導するために中央に統一司令部を設け、その下に党の各級機関に併行して地方、府県、地区までの統一司令部を設けるなど既にその組織化が全国的に一応完了したとみられること、さらに、その指導の下に拳銃、その他簡易で相当強力な科学的武器の製造研究、獲得貯蔵を行う一方山間僻地を選んでは宿泊軍事訓練を行い、地方、九州及び和歌山などの水害地、内灘、妙義その他の軍事基地、御母衣（岐阜）夜明（福岡、大分）田子倉（福島）などの電源開発地等の党のいわゆる主要工作拠点に対しては、全国各地から召集編成した独立遊撃隊をそれぞれ現地に派遣し、長期に定着工作を続けていることなどは、党がいかに軍事活動を重視しているかの証左である。

しかも、遊撃隊の工作活動などについては、当初何れも部落民の冷淡な態度に遭ってはいるものの隊員の地味な世話役活動などの執拗な粘り強い努力によって次第に住民の間に溶け込もうとしている実情であるから、これがやがて大衆の自然発生的な各種の闘争などと絡み合ってかなりの成果を収めるのではなかろうか。

このほか、党自体の軍事組織としても、軍事委員会、軍事指導部、農村指導部（アヤメ）労働運動指導部（サツキ）等を設け、大衆の中に軍事思想の滲透工作を進めることに躍起の活動を続け、既に一部労働者組織や、農民組織、その他市民、婦人、平和団体の運動方針にこの思想が具体化されていることが注目される。

なお、「民戦」（在日朝鮮統一民主戦線）の組織に代表される北鮮系在日朝鮮人は事実上党の強力な内面指導下にあるが、従来の「休戦会談戦取闘争」が昨年七月朝鮮休戦によって一応終止符を打つことになったので、同年十一月、当面の運動方針を決定し「政治会議を妥結させ、南北鮮の平和的統一を図り、米帝の内政干渉を排除する」ことを休戦後の任務とし、その活動の方向として「休戦後の米帝は祖国再侵略の支柱として李、吉田政府を完全支配下におき、とくに日本は再軍備促進により祖国再侵略の前進基地と化した」との判断の下に、日本の革命勢力と連携しつつあらゆる日常要求を反米、反吉田、反再軍備、反李の運動（四反運動）に結集しながら広汎な統一戦線を展開することとしており、しかも、この方針は既に昨年の軍事基地、水害闘争、竹島、李ライン問題等をめぐる日朝の統一行動として具体化されているところである。

しかし、昨年末頃から共産党との組織的連携も逐次強化され、とくに本年二月開催された「民戦中央綜合グループ会議」では「従来反李を含む四反闘争は民族的偏向をきたすものであるから、反李を除く日共の三反闘争に切換える」という決議がなされ、さらに引続いて行われた民戦十四中委ではこのグループの方針が確認されているから、今後の北鮮系在日朝鮮人運動も、三反統一戦線の拡大強化を狙う党の方針に全く同調し広く日朝大衆の統一行動となってあらわれるものと思われる。一方、その本国たる北鮮との関係においては、対日平和攻勢の昂まりのうちに北鮮労働者、党、祖国統一戦線よりの積極的なよびかけ等によって「北鮮共和国民」という意識が次第に彼等の間に昂ってきているから、本国政府と提携しての日朝間の交通、通信の自由獲得、及び帰国送還の要求運動の展開や、謀略、諜報活動等が活溌化するものと予想される。

このように党の戦術が表面地道な方向を辿れば辿る程、その暴力革命企図の内偵捜査上の困難は、倍加するであろう。

二、日本共産党の地下活動

(一) 日本共産党の勢力

(A)　1　中央委員会　一

2　地方委員会　九

3 府県委員会 四五
4 道委員会 一二
（北海道における府県委員会なみの中間的委員会を指す。）
5 地区委員会 二四六
6 市委員会 三三
7 群委員会 二二七
8 細胞 六、七四二
9 党員 一〇万
10 シンパ 三〇万

(B)

1 中央軍事委員会 一
2 地方軍事委員会 九
3 府県軍事委員会 四五
4 道軍事委員会 三
5 地区軍事委員会 一九〇
6 中核自衛隊 五〇〇隊、隊員八、〇〇〇名
7 独立遊撃隊（独遊隊） 三四隊、隊員 一五四名

右のほか、中央に全国統一司令部があり、その下に各地方、都道府県、地区の各機関にまで統一司令部が組織されている。

㈡ 日本共産党の地下組織活動

A 組織活動

普通国民の目に映る党の姿というものは、たとえば、東京代々木に小規模の党本部を構え、全国各地にささやかな支部（事務所）を設けて、街頭、職場、学校、農村等にばらばらと散在する党員が日常、アカハタ、ビラ等を配布したり、政治への不満を煽ったり、また、選挙その他の大衆集会を利用してしきりに宣伝を展開するといった程度の極めて表面的な活動だけにしかすぎない。これが実際は十余万の正式党員、約三〇万の同調者を有し、極めて鞏固な団結を保ちつつ経営、部落、労農大衆団体はもとより学校、居住、市民、学生その他国民各層のさまざまな団体の深部に組織的に

喰い入り、内外からその行動化を推進し革命意識を扶植して、逐次実力的な抵抗勢力を拡大培養しつつある強力な団体であるとは全く見えないのである。

これはつまり共産党組織の大部分が極めて巧妙な秘密活動（非合法活動）によって運用されているからであり、とくに革命工作のための諸方針を策定し執行（指示・命令・指導）する各級指導機関、これを補助する事務連絡組織、その他いわゆる軍事組織、防衛組織等の各重要組織は文字通り視角外の強力な地下活動を展開しているのである。以下にその状況を大まかに述べてみる。

1　指導機関

中央以下全国各地方・県・地区には、追放幹部の一部を含む党主脳陣が配置されそれぞれ各級ビューローを構成している。これが党の意思（戦術・方針）を決定、執行する事実上の非合法中枢系統であるが、この各級ビューローはその下にそれぞれ組織部、宣伝部、機関紙部、総務部、軍事委（部）、財政部、人防部等の各種専門部を持ち、あらゆる公然、非公然の党活動を一元的に指導するための地下指導部――単一指導部を形づくっている。

代々木党本部などの表面的指導機関の如きは、この地下指導部を基盤とした党の単なる外皮にしか過ぎない。

これらの地下指導部の要員――特にビューロー員等は、党生活はいうまでもなく私生活までも秘匿して完全な潜行運動を行い、あるいは商人、会社員、学生、教師等に身分を偽騙してそれと知らない一般民家に止宿したり、あるいは強力な護衛網に囲まれた容易に視察の及び得ない党員、シンパ等の家宅に潜伏している。

しかも、このような秘密活動家は定期または不定期にひそかに会合して、諸方針を決定し、あるいは秘密の仕事場でひそかに起案、印刷を行い、これを全組織に指示・伝達・指導する等の活動を行うわけであるが、そのような地下活動を補助するものがテク機関と呼ばれる一群の地下実務活動家組織である。

2　実務組織（テク組織）

テク組織は、幹部の護衛、上級機関と下級機関のレポ（秘密連絡）アジト（かくれ家、秘密会合所）の設営、ポスト（秘密通信所）の設置等々、非合法地下活動の根幹――ベルトとしての実務的な任務に専従する特殊活動家の集団であって、婦人党員、学生党員などの目立たない、しかも忠実な党員や、経験の深い機敏な党員などを起用しこれを一定の部門（総務部、事務部等）の指揮統制下に自在に操縦している。

これらテク組織は、常に尾行をまく方法、幹部護衛の心得、服装上の注意、連絡時の合図など、戦前、戦後及び国際的な地下活動の経験を研究・蓄積してすぐれた秘密活動の技術を体得している。

かれらが取扱う連絡文書等も多く暗号・略号・記号（註）等を用い、万一、遺失、紛失しても決してその内容が判明しないよう配意されており、一定時、保管する場合などは土に埋めたり天井裏にかくすなど絶対に身辺に置かないように万全の措置をとっている。

通信の方法なども秘密無線器等高度なものをはじめ国鉄、全逓等の内部ルートを辿る方法、船舶通信その他、各種各様の手段を採用しており、通信用紙も速燃紙、あぶり出し等特殊なものを用い、多く秘密インク等を使用している。

3　防衛組織（人防機関）

以上のように、巧妙にしくまれた地下活動を更に強力に防衛するため、主として党員の動揺、脱落、裏切り等をひそかに監視して党機密を防ぎ、あるいは進んで警察、公安調査庁等治安当局の内部に触手をのばしその内情を探知する等、いわば党における防諜、検察、情報機関の役割を果す秘密組織が党員にさえもその実態を知らすことなく設けられている。この組織は人防機関と呼ばれ、各地党幹部の中から厳選された尖鋭、且つ冷徹な役員がそれぞれ各級人防（組織防衛委員会）を構成してその任に当っている。

また、この組織は一般大衆を説得、煽動して深く反権力意識を植えこみ、警察官等の動静を逐一通報せしめるよう訓練し、また積極的に反撃闘争――（反ファッショ闘争）――を展開するよう教育しているが、党はこの大衆組織を「国民監視網」と称しこれによって二重、三重に地下組織――乃至地下活動を防衛しているわけである。

4　海上組織

共産党の地下指導部は、また、海上工作のために、特殊な秘密オルグ（工作者）集団を駆使している。これらオルグは、中央・地方・港区の段階に分れそれぞれの地域の地下指導部の方針を体し各港を出入する船舶内の党組織や港湾関係党組織に対して機動的に指導を行い、または自ら重点的な隠密の組織工作を展開している。

これらのうちには、とくに党幹部の海外脱出、国外連絡、密輸等の便宜を図るために特別任務に専従するものも定められている。

以上のような目に見えぬ強力な指導を受けつつ、全国十余万の党員、八千の第一線党組織（細胞・グループ等）は、環境と情勢に応じて合法、非合法両面の組織形態――乃至は組織活動を使い分け、国民各階層、各団体の内と外からこれを革命の方向に逐次誘導、糾合しているのである。

共産党の非合法基本組織は別表の通りである。

（註）隠略号

党の各級機関が指令・通達等の重要文書、及び連絡に隠略語を本格的に使用し始めたのは、概ね昭和二十六年初め頃からである。昭和二十五年、六・六追放以来非合法組織並びに活動に対する関心が高まってから、極く一部に簡単な符牒、略語が使用せられていたが、その範囲は極めて一部に限られていた。

ところが昭和二十六年二月の四全協以後、広汎に且つ幾つかの組織にまたがって（例えば地方委員会、及び各県委員会間、県委員会、及び各地区委員会間）使用されている。

（備考）
① ▨印は、非合法機構たることを示す。
② 組織局では、「組織者」「海上組織者」等の機関紙を発行している。
③ 政策委員会から「調査と政策」を発行。
④ 軍事委員会では「国民の星」を発行。
⑤ 教育委員から「党建設」を発行。
⑥ B.X 編集部とは、「国民評論」及び「前衛」の編集部
⑦ M.L 研究所とは、マルクス、レーニン研究所
⑧ 各対策部は、それぞれ編集委員会を持つている。
⑨ 各G指導部ではそれぞれのグループ機関紙を発行している。
⑩ 中央サツキ・アヤメから直接に現地指導部を派遣設置する場合がありうる。

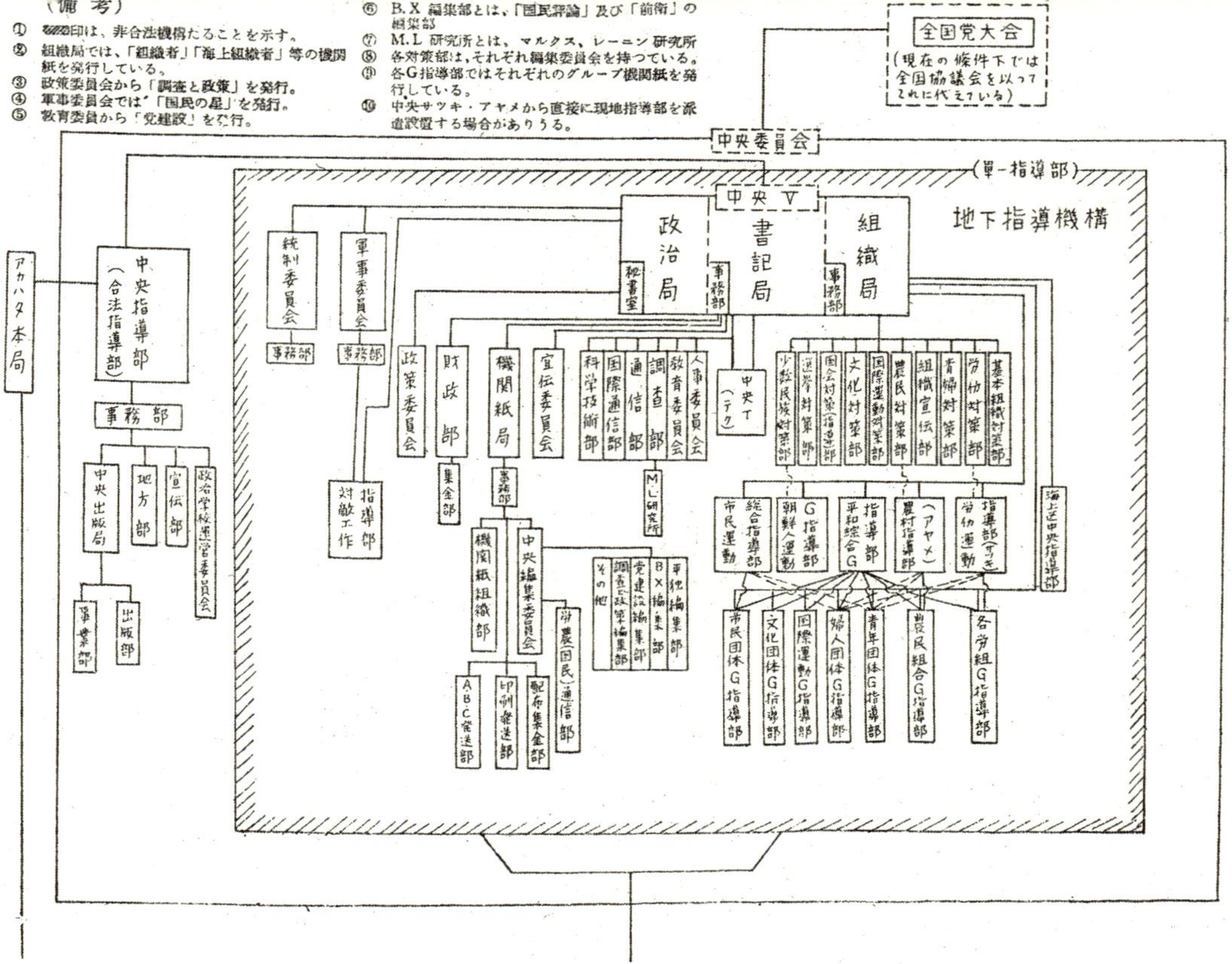

日本共産党組織基本体系図（其の二）

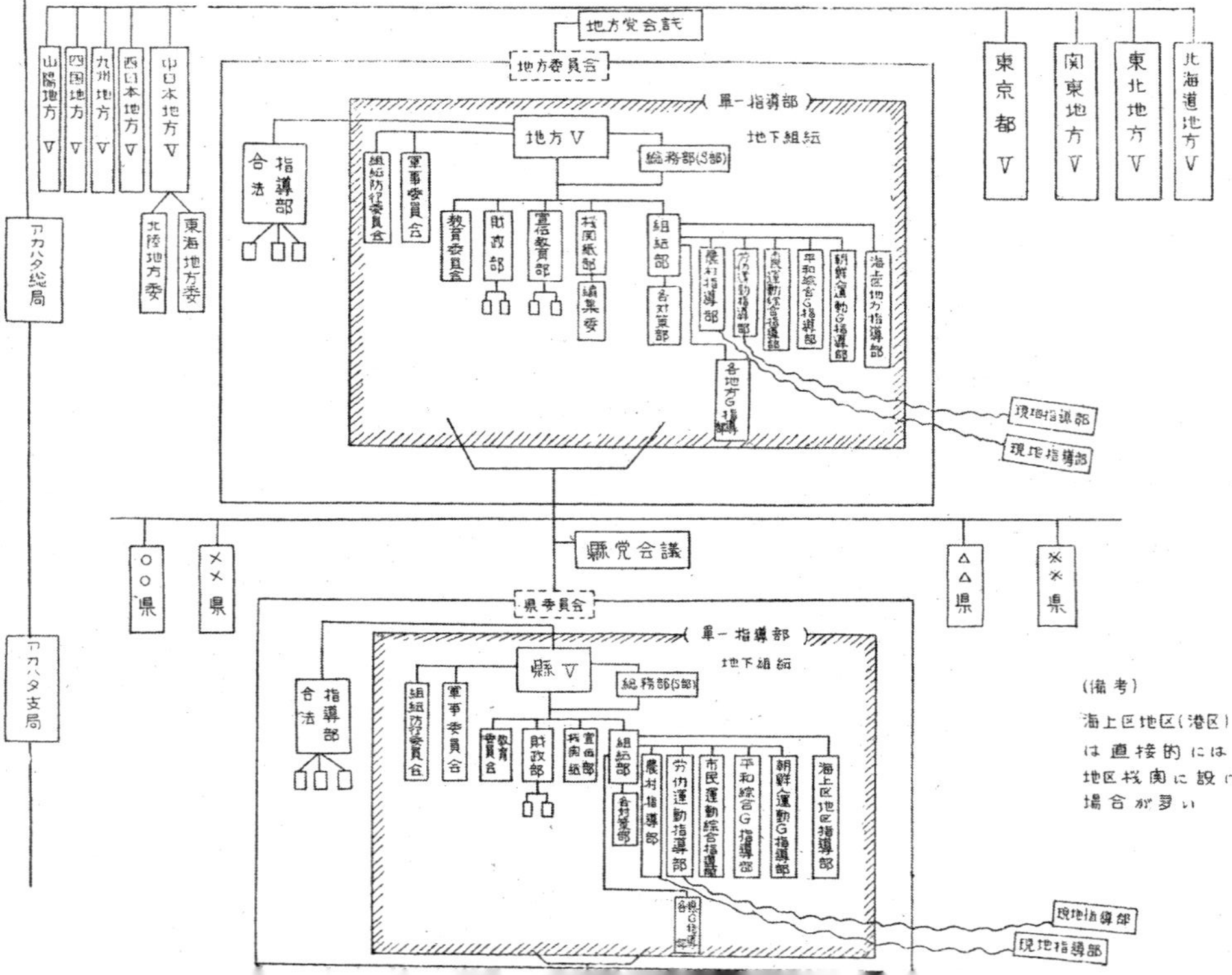

（備考）

海上区地区（港区）指導部は直接的には地区機関に設けられている場合が多い

日本共産党組織基本体系図（其の三）

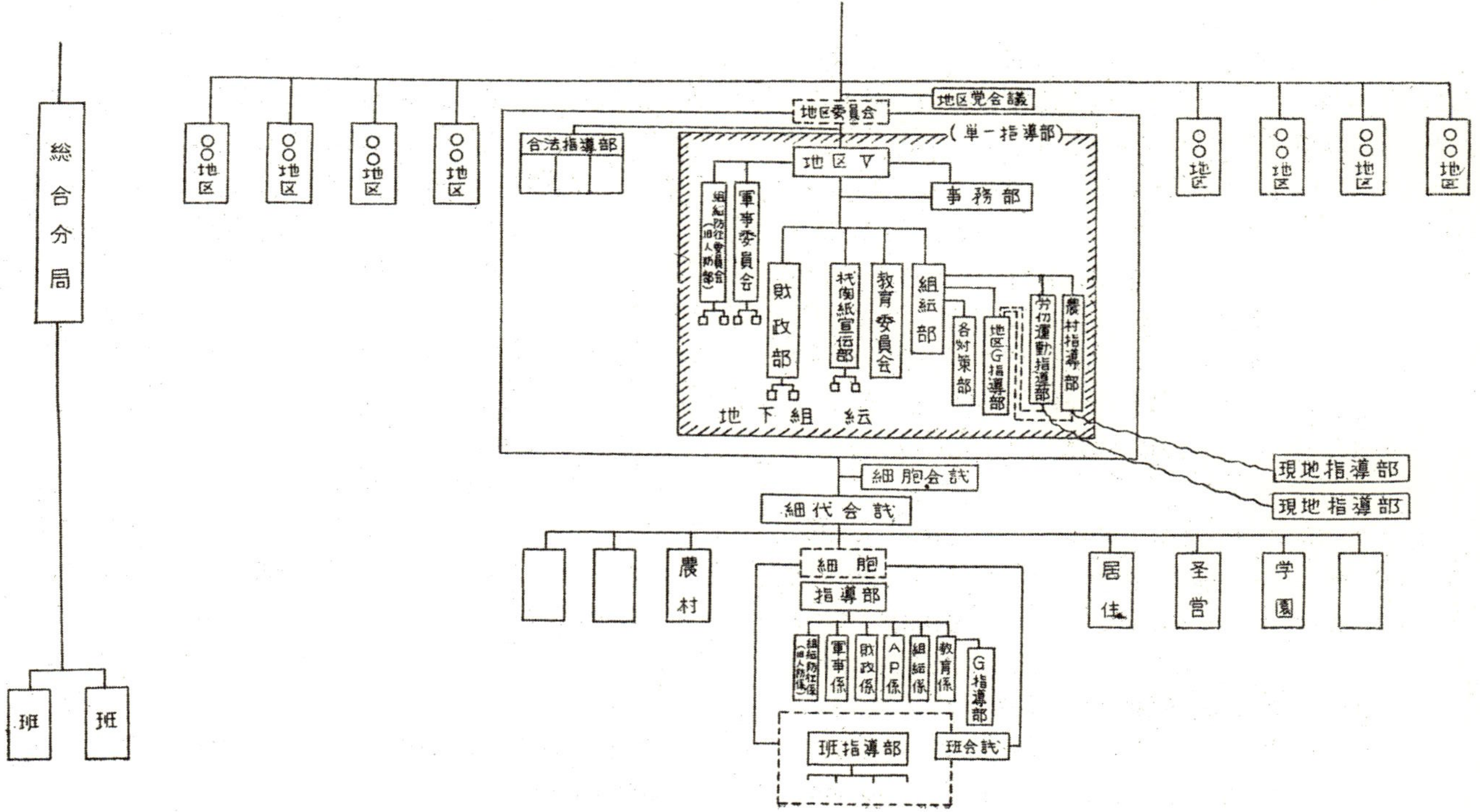

B　軍事活動

共産党の革命方式は、国会に議席を多数占めることによって政権を獲得するとか、単にゼネストやデモの圧力によって政権を獲得するとかという方式のものではなく、労働者のゼネスト武装蜂起とこれを援護する都市及び農村の遊撃戦《パルチザン》によって政権を奪取しようとするものである。

したがって、その政治活動は帰するところ都市における労働者、とくに重要産業部門のゼネスト武装蜂起体制の確立と、農村、とくに戦略拠点における実力的な抵抗自衛組織及びその核となる中核自衛隊や遊撃隊組織の拡大強化に向けられているものであることはいうまでもない。しかも、党のこのような革命方式は、昭和二十五年一月のコミン批判をキッカケとして明確にされ、翌二十六年二月の四全協において軍事方針なるものに具体化されたわけであるが、ついで同年十月の五全協において新綱領とともに軍事行動綱領「われわれは、武装の行動と準備を開始しなければならない」を決定、以来この方針及びそれを更に具体的に説いた「中核自衛隊の組織と戦術」等の方針に基きまず党各級の軍事委員会（部）という強固な非合法体制を確立し、その足場の上で中核自衛隊、遊撃隊あるいは大衆実力抵抗組織など武装態勢の確立に努めつつ現在に至っている。しかも、その間、昭和二十七年の皇居前メーデー騒擾事件を頂点としてその前後に亘り一連の一揆主義的、多衆暴力事案を惹き起し、党内外から厳しい大衆的批判を受けているが、このような世論の厳しい非難を浴びた党は、同年十月の二十二中委総の諸決定、とくに――武装闘争の思想と行動の統一強化のために――などの論文によって深刻な自己批判を行い、以来専ら過去に犯した誤りを克服して武装闘争――組織の根を国民、とくに労農大衆の中に置くべく組織の建直しに努めた結果、現在漸くその態勢を取り戻しつつある状況である。ことに極く最近では、昨年十一月頃新しく決定した「反米・反吉田・反再軍備の統一戦線」を強化するための行動綱領に合致する軍事活動の方向をとり、より着実な歩みの中で広汎な国民各層、とくに労農闘争の中から実力抵抗組織を生み育てこれを文字通りゼネスト武装蜂起の態勢に拡大発展せしめるべく努めつつあるが、その組織及び活動実態の概要は次の通りである。

1　軍事組織

党の軍事機関及びその活動の成果である大衆軍事組織は、それを基本的に規定する「武装行動綱領」及び「中核自衛隊の組織と戦術」に基いて組織化されている。けだし、党のいうところによると、党自体の軍事機関は別として、本来の大衆軍事組織は、労・農・市民大衆組織——統一戦線組織——の指導下にありその政策を軍事行動をもって遂行するための組織であって、原則的には、党外組織としての性格をもつものである。

しかし、その母体となる統一戦線組織及び大衆軍事組織自体の確立強化が未だ極めて不充分である現在、それが多分に党内機関といった性格をもっていることは否定し難い事実である。それにしても、その発展した典型として党の予想している軍事組織の構成は別表の通りであり、また、それぞれの組織機関の性格と任務の状況は大体次のようになるものとみられる。

なお、大衆軍事組織はあくまでも軍事技術としての活動を行うためのものであって党の一般政治活動とは異なるから、上からの命令に対しては何ら下からの民主的論議の余地はなく、常に厳重な上命下従絶対の原則に貫かれた強固な規律と団結によって結合されたものであるとされている。

(1)　軍事委員会

軍事委員会は、軍事行動をもってその政策

を推進し指導する大衆軍事組織の組織機関としての機能を果たすべきものであるが、統一戦線組織及び大衆軍事組織自体が未だ十分に確立強化されていない現在の段階では党の組織内における特殊な部署という性格をもっている。それは国民大衆の武装化を図って実力抵抗組織や大衆軍事組織を作り、これを指導し発展させ、また国家の武装組織（警察、保安隊、駐留軍等）に対する工作を組織し指導しこれを味方にしあるいは中立化する任務を持つ機関である。

その構成は、党各級機関の一専門部としての軍事機関と、中核自衛隊や遊撃隊などの大衆軍事組織を地域別に統一指導する統一司令部とからなっているといわれている。しかも、党の軍事機関が軍政面を、統一司令部は部隊運用等の作戦指導の軍令面を担当し、この政、令両者を結合して全国あるいは各級、地域に応じた夫々の最高軍事方針及び運営を決定するという組織になっている。

なお、現在この軍事委員会は、中央軍事委員会の下に各地方、都府県及び各地区の党の政治組織の線にしたがって全国的な組織化が一応完成されているとされている。

(2) 統一司令部

統一司令部は、中自隊及び独遊隊等の大衆軍事組織の軍事活動を地域的に統一指導するための大衆軍事組織の指揮機関である。各級司令部には司令官、司令要員、党の軍事部より派遣された政治委員、遊撃隊長等が置かれている。

この司令部は、軍事委員会にその作戦指導方針を持ち込みここで政治にマッチして決定された最高作戦指導方針にしたがい下部組織を指揮統一するが、その運営のためには、組織、政治、財政（補給）、教育、武器等の各部門（都府県以下は係と呼ぶ）を設けている。

現在までのところ、全国統一司令部の下に各地方、都府県、地区まで略々組織化が一応完了し、目下その機構の整備と機能の充実に全力を注いでいるという状態にある。このように大衆軍事組織を地域的に統一指導する任務をもつ統一司令部の活動は、昨年の各地の軍事基地や水害地等に発生した激しい闘争に際し、全国各地より独立遊撃隊を編成し闘争地点に集中的に投入する等、行動の機動性を発揮してその闘争の拡大発展に努めるなど、可成り活溌なものがあったわけである。

(3)　中核自衛隊

大衆軍事組織の主な実態組織をなすものであり、原則的には生活点（居住）と生産点（経営や農村）におけるさまざまな反米・反政府の闘争を行ういわゆる実力抵抗自衛闘争組織に根をおろし、その中核となって活動するものである。隊長を中心に、経営、部落、居住、学校などの革命的青年や戦闘的な労働者、農民などによって組織されている。しかも、その組織はそれぞれ「行動綱領」と上命下従絶対の原則を定めた隊規約によって固められ、あらゆる闘争の先進部隊として活動し、その活動を通じて軍事独自の立場から大衆に対する軍事思想の普及活動や軍事技術の普及を行い、且つ、大衆軍事組織を拡大強化するためのアジ・プロや教育訓練、更に武器の生産、蓄積、研究等の活動を実施することを任務としている。

現在、中自隊は全国で約五〇〇〇隊、隊員約八、〇〇〇名の勢力があるといわれているが、現在は、とくに基幹産業労働者や重要経営地域などに根を置きつつあるので注目される。

(4)　独立遊撃隊

党の軍事方針は、たとえ当面革命勢力が戦

術的に守勢の段階にあっても、個々の戦闘の面では必ずしも守勢に立つのではないことを教えている。つまり相当長期に亘る戦略または戦術的守勢の時期の間には、随時随所に集中した味方の力をもって敵に攻撃を加え分散せしめて隙間を作りこの隙間を攻撃することによって更に敵を弱め、相対的には味方の力の増大を図るという遊撃戦戦術をとるべきものとしている。このために遊撃隊の組織化が進められ既に職業的な軍事要員によって編成される遊撃隊が、全国に約十隊余り編成されているといわれているが、当面はさらにその初歩的なものとして各中核自衛隊員中より戦闘的なものを選抜して独立遊撃隊を編成し、基地、水害地等の主要闘争地点あるいは党勢の弱い空白の地点に投入して宣伝、煽動などの政治活動を活潑に行いながら、この間に軍隊としての技術と規律と団結を強めるためにさまざまな教育訓練を実施している状況にある。

2　武器活動

軍事活動の主要なる部分を占める武器活動については原則的な方針は「中核自衛隊の組織と戦術」に規定されて居り、また、各種武器の製作と使用方法などについては、ビタミン療法、料理献立表、栄養分析表、労農手帳等の資料を下部に流して武器の生産、蓄積に努める外、常に新しい武器とその性能の向上化を図るべく研究活動を進めている状況であるが、その狙いとするところは大体製作が簡単で資材や原料が容易に入手され、しかも、使用が簡便で効果が大きいという大衆性のある武器である。例えば、昭和二十八年の十月頃、某地方軍事委員会が拳銃の各部分品の製作図面を下部に流しこれにより各金属工場等の細胞、隊員、シンパの組織を通じて製作するよう指示しているなどはその典型であるといえる。

武器活動について最近の事例を若干挙げると、つぎのようなものがある。

(1)　昭和二十七年七月六日、長野県下で共産党関係者の家宅捜索を実施した際、拳銃一、実包八〇数発を発見した。

(2)　昭和二十七年八月二十六日、長野県下で共産党関係者を職務質問した際、ダイナマイト、雷管、黒色火薬類の所持を発見した。

(3)　昭和二十七年七月二十三日、新潟県下で共産党員がダイナマイト、導火線等を窃取し運搬中を検挙した。

(4)　昭和二十八年二月十八日、東京都小岩警察署管内において駐在所に無断侵入した秘密党員と思われるものの家宅捜索の際、十四年式拳銃一ケを発見した。

なお、軍事訓練において武器を使用した二、三の例挙げれば次の通りである。

(5)　昭和二十七年十一月中旬、九州地方の某県下では県軍事委員と認められる幹部党員の指導の下に党員約十名が某山中に集合し、集団的な行動訓練と併せてラムネ弾、爆弾、催涙弾等の武器実験訓練を実施した模様である。

(6)　昭和二十七年八月中旬頃、中部地方某県共産党員数名は某高原地帯においてハイキングに名をかり、マッチ、洋ローソク、重油、牛乳ビン、鉄線を携行して武器の研究実験訓練を行った模様である。

(7)　昭和二十八年七月十二日、福島県下の某山中に共産党軍事関係者が集合、地雷、破壊弾の使用試験訓練を実施した模様である。

(8)　昭和二十八年九月七日、青森県軍事委員会では某山中に隊員八名を集合させ火焔瓶の投擲訓練を実施した模様である。

(9)　昭和二十八年九月十一、十二、十三の三日間、関東地方の某県軍事委員会では某山中において隊員十六名に対し山岳訓練を実施したが、その際拳銃の実射訓練も併行した模様である。

⑽　昭和二十八年十月二十五、六の両日、九州地方某県軍事委員会では某所で隊員八名を集め火焔瓶並びに製作した拳銃の試射訓練を実施した模様である。

3　教育訓練活動

軍隊として組織化された中自隊員の政治的、軍事的水準を昂め革命に対する不動の確信を深めるとともに、規律と団結を強化するための教育訓練が昨年八月頃下達した教育訓練操典（草案）に基いて活溌に実施されている。

その形態は、初歩的な統一ある集団行動を目的とする登山、ハイキング、行軍、体育講習会、学習会等のものから、前述の武器活動において示した事例に見られるような火焔瓶、地雷、拳銃実射等の武器を使用した高度な訓練に及んでいるが、就中、基地、水害地等の闘争に際しては、全国各地より独遊隊を編成して現地に投入し工作活動を展開する中で実践的な教育と訓練を実施していることが注目され、中でも福岡県筑後川流域及び熊本県白水村に投入された独遊隊は、軍隊としての団結と規律ある行動に終始し、世人の注目をひいている。

また、中央及び各地方には、恒常的な教育機関として軍事幹部学校（軍幹学校と呼ばれている）が設置され、軍事幹部要員の養成と指揮能力の向上化を図りつつあり、前記福岡県筑後川流域における独遊隊の工作活動の中における教育訓練も九州地方軍幹学校として実施されているものといわれている。

なお、以上の軍事組織及び活動の非合法体制は、党の基本組織より以上に厳に秘匿防衛されていることは、たとえば、中自隊員の入隊に際しては誓約書を提出させ、その裏切行為に対しては死をもって罰するという鉄則があることによっても明らかである。

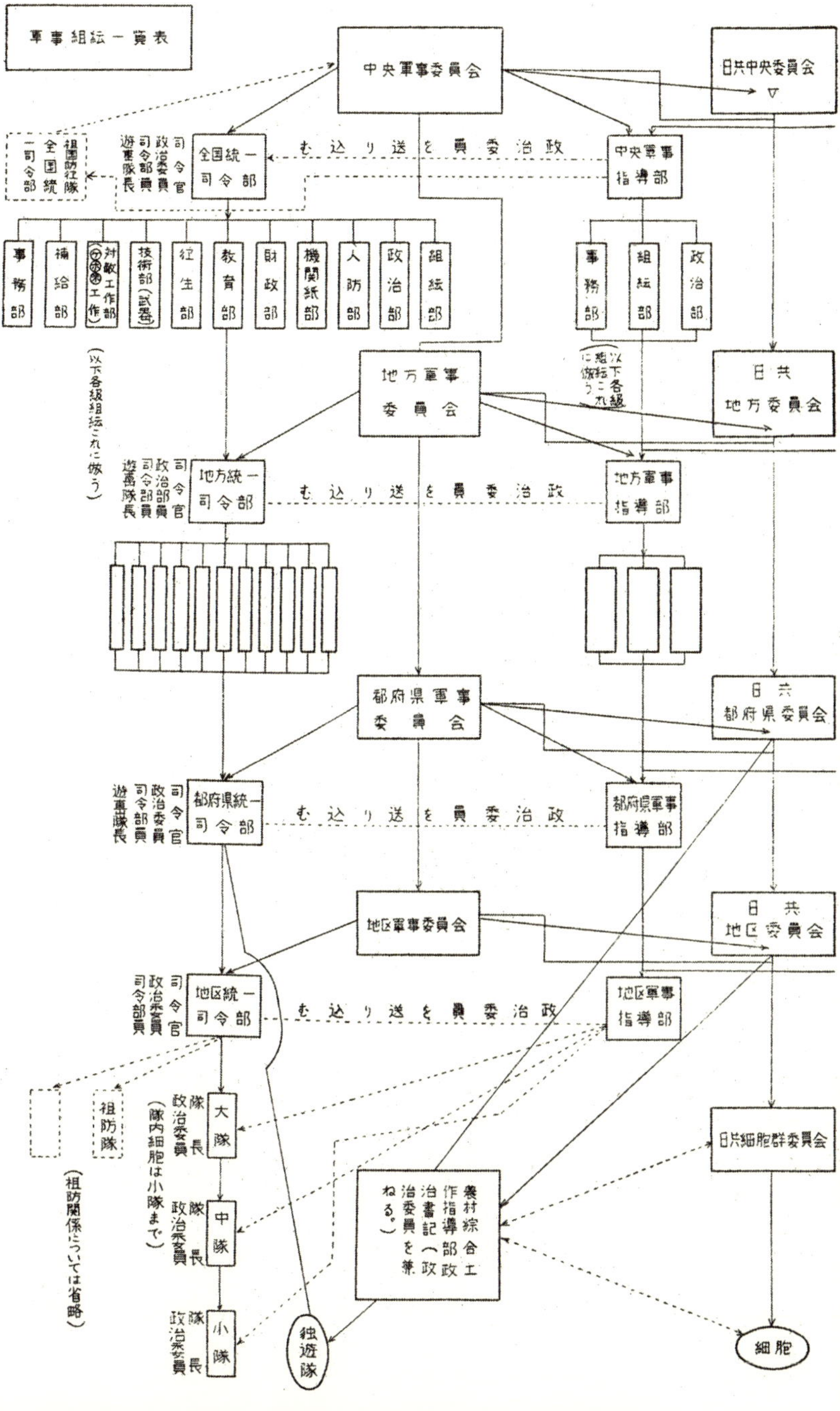

軍事組紘一覧表
中央軍事委員会
日共中央委員会
祖国防衛隊全国統一司令部
司令官
政治委員
司令部員
遊撃隊長
全国統一司令部
政治委員を送り込む
中央軍事指導部
事務部
補給部
対敵工作部
技術部（武器）
衛生部
教育部
財政部
機関紙部
人防部
政治部
組紘部
事務部
組紘部
政治部
（以下各級組紘これに倣う）
（以下各級組紘これに倣う）
地方軍事委員会
日共地方委員会
地方統一司令部
司令官
政治部員
司令部員
遊撃隊長
政治委員を送り込む
地方軍事指導部
都府県軍事委員会
日共都府県委員会
都府県統一司令部
司令官
政治委員
司令部員
遊撃隊長
政治委員を送り込む
都府県軍事指導部
地区軍事委員会
日共地区委員会
地区統一司令部
司令官
政治委員
司令部員
政治委員を送り込む
地区軍事指導部
祖防隊
大隊
隊長
政治委員
（隊内細胞は小隊まで）
中隊
隊長
政治委員
小隊
隊長
政治委員
（祖防関係については省略）
農村綜合工作指導部（政治書記政治委員を兼ねる。）
日共細胞群委員会
独遊隊
細胞

C　機関紙活動

共産党の機関紙・誌活動は、組織・軍事などあらゆる政治活動の中心であり、とくにそれによる宣伝・煽動活動は、大衆革命化のための教育、説得＝思想改造、さらに大衆を闘争と蜂起に沸きたたせるための最も基本的な武器になっている。なかでも、占領中何回かに亘る取締の目をくぐって維持されてきた全国的非合法機関紙・誌こそが党活動の武器だとさえいわれていることは、ロシア革命に際して演じた「イスクラ」その他の非合法機関紙・誌の果した役割に対する、レーニンの評価を見ても明らかであろう。

党は、昭和二十六年二月の四全協において軍事方針を明らかにし、同年十月の五全協において新綱領を決定するとともにゼネスト武装蜂起の態勢を組織するための軍事方針を採択し、この軍事方針に基いて「武装行動綱領」（一九五一、一一、八、球根栽培法第三十一号）及び「中核自衛隊の組織と戦術」（一九五二、二、一、球根栽培法第三十三号）を発表して、武装闘争――組織の方針をより具体化せしめていることは軍事活動の項で述べた通りであるが、そのためには何よりもまず国民、とくに労働者、農民の中に実力抵抗闘争――組織と武装闘争――組織の必要性を普及、宣伝することが重要であるとして大衆非合法紙・誌の活動を強化している。その中心をなすものは「平和と独立のために」「国民の星」などであるが、これらの編集、印刷、配布、集金等はいうまでもなく完全に秘匿された体制の下にある。しかも、その組織活動の基本方針について、党は印刷、配布、集金等機関紙・誌の実務活動を単なる「新聞づくり」ではなく、党機関紙・誌を党と国民大衆との結びつきを強める武器として大衆に支持させ、守らせ、育てさせるものとしての政治的理解の上に立って遂行されなければならないものとしている。

つぎにその要領を述べると、まずその印刷組織はいずれも地下体制であって印刷等は勿論、秘密印刷所によって行われている。

これをたとえば、「平和と独立のために」についていうと、秘密印刷所は非合法のテクメンバーによって秘密に設けられ秘密細胞員のもとに運営されているほか、シンパの協力によって完全に外部に対し秘匿防衛されている。また、印刷専従の秘密細胞員は常に印刷技術の改善とプリンター養成の義務を負い、印刷活動が一部少数の印刷活動家だけでなくシンパ（党外読者等）の協力のもとに行われなければならないとして、印刷技術者（プリンター）集団の養成、組織化を図っている。印刷の種類も活版、オフセット版、ガリ版は勿論、党独特のG方式（グラビヤ原紙による簡単な大量印刷方式）、白刷方式（復写原紙によるガリ印刷）等多種多様にわたっている。

一方、これら細胞の地下印刷活動のほかに、上級各機関の行う独自の地下印刷活動がある。すなわち、上級各機関は、細胞の地下印刷活動を援助し、指導するとともに

1　細胞の印刷活動と密接に結びついているガリ版印刷所、G（グラビヤ）印刷所等の設営、運転すること。

2　秘密裡にシンパ等の経営する商業印刷所（町工場）を利用し、これを共産党の印刷組織――体制――としての地下印刷所にまで発展させること。

3　各機関が全責任をもって地下印刷活動を経営、運転すること（党の直営印刷所ともいうべきもので、たとえば「国民評論」の秘密印刷所など）

等を行っている。印刷所の設置方法についても、かつて占領当時の相つぐ機関紙・誌の手入等を受けた苦い経験から、極度に中央または一部地域に集中することを避け、逐次、中央の地下印刷体制を地方の地下印刷体制に切換えてその分散化を図

り、組織の防衛、秘匿に努めている。

たとえば、党独自の技術であるＧ原紙による地下印刷所を各府県毎に一乃至数ケ所宛設置し、県、地区ビューローの責任指導の下に全国に亘って秘密印刷発行を続けているなどであり、この際、一印刷所の所要人員は概ね三名位ですべて秘密党員がこれに当っていることは前にも述べた通りである。また、「組織者」、「国民の星」、「警官の友」、「国民の兵士」等の復写原紙によるガリ印刷体制も最近は著しく整備され、とくに「国民の星」等の軍事機関紙は、統一司令部――中核自衛隊の組織による軍事活動の一環として独自の地下印刷所を持つまでになっている。

つぎに、これら非合法紙・誌の配布・集金の組織であるが、このうち配布組織の確立については、それがそのまま党の強固な非合法組織の確立であるとし、防衛体制を強化している。配付は原則として党の基本組織のルートと別箇に、各機関紙・誌毎に独自の秘密ルートによるものとされているが、府県以下においては、混用されているものが多いからである。

これを主なる非合法紙・誌の例にとると、まず党の非合法組織の骨格といわれている「平独」の配布体制は、創刊以来完全な非合法ルートで行われていたが、最近は組織防衛の強化と配布の合理化との二つの面から、末端配布（概ね地区――以下）をいわゆる「人民ルート」（党外読者、シンパを含めた配布組織）への切替にと努めている。

現在「平独」の印刷、配布は、中央、地方の一貫工程として行われている。すなわち、中央で編集された原稿はＴ（テク）と称する秘密連絡者によって秘密ポストを通じて清刷工場に送られ、組版の上清刷印刷され、さらに秘密レポーターまたは偽装郵送によって清刷ポストに送られ、仕分けの上全国各地の清刷ポストに秘密レポーターまたは偽装郵送（航空便等）によって落され、（中央での分担はこれまで）Ｇ原紙工場でＧ原紙に製版の上各印刷所で印刷し、仕分され、夫々Ｔまたは偽装郵便等によって配布されている。

しかも、各級党機関とＧ工場、印刷所、仕分所等は総べてポスト等によって中継され、この間は前述したように秘密レポーターや偽装郵便（通信）等によって連絡されていて、いわゆる一網打尽的な、いもずる式検挙の被害から逃れるという方法をとっている。

2　「組織者」、「国民の星」、「国民の兵士」、「警官の友」等についても、中央よりいわゆる「白刷原紙」が秘密レポーターや偽装郵送によって各地方府県ポストに送られ、地方または各県内で夫々印刷し、配布されている。

3　「国民評論」等は、中央で編集、印刷、製本され、仕分の上夫々各地方府県ポストに秘密レポーターまたは偽装郵送、鉄道便等によって送られている。

さらに集金については、夫々非合法配布の逆ルートを用いているが、何れにしても、党は常にこれら配布・集金体制の点検を行い配付ルート、配布責任者を明らかにして一面紙代の完全回収をはかると同時に、防衛の万全を期しているわけである。

なお、非合法紙「平独」の配布、集金、通信体制を例にとると別表（一）の通りであり、主要非合法中央機関紙・誌は別表（二）の通りである。

別表(一)

平独の配布集金通信系統図

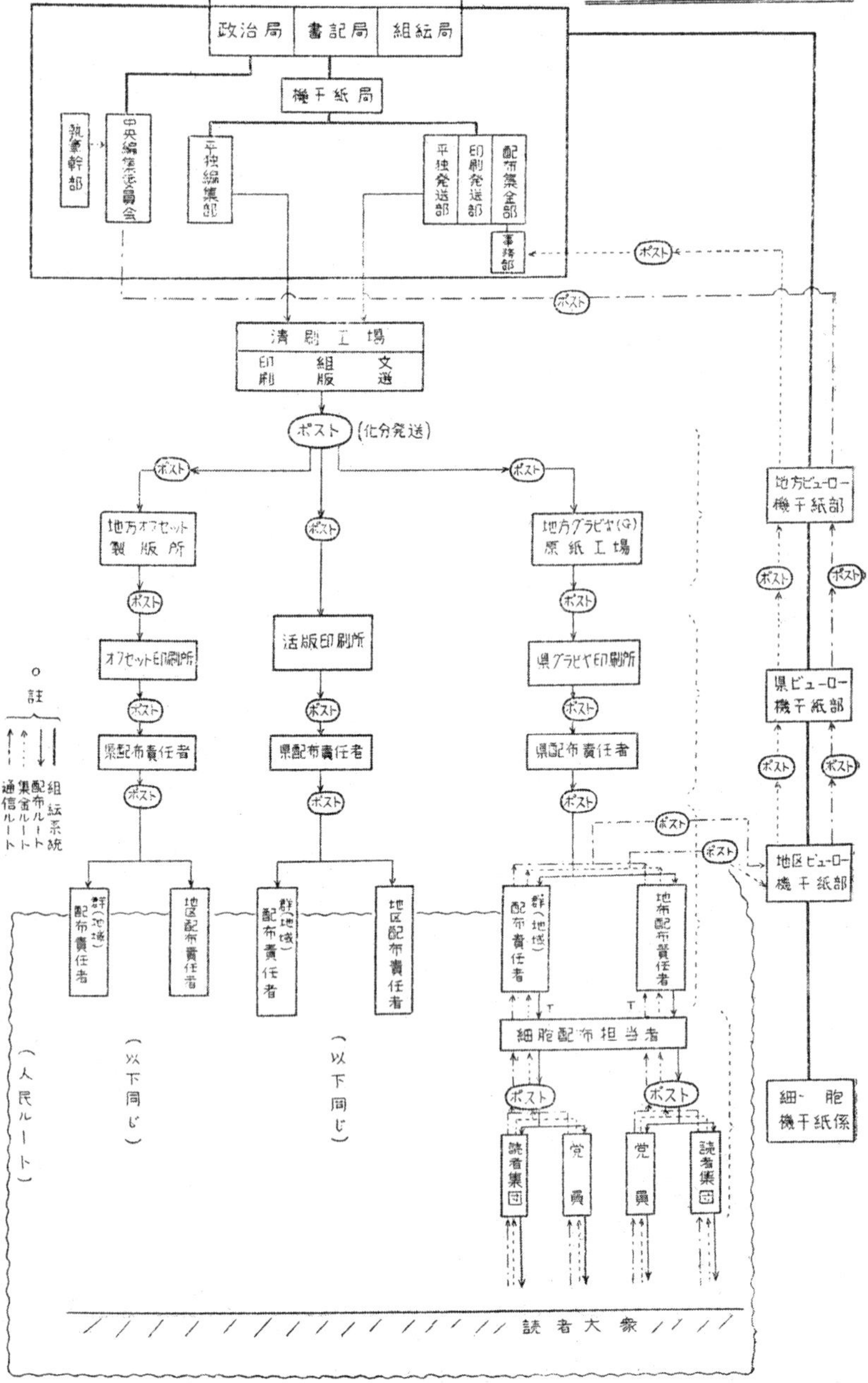

D　財政活動

共産党の地下活動の物質的保障は財政活動である。地下潜行幹部の防衛に要する経費や全国約五千と推定される職業革命家の給与、活動費等は勿論、秘密会議場所や秘密印刷所、地下仕事場あるいは連絡場所（アドレス・ポスト）等の維持費は、かなりな出費であることはいうまでもない。

しかも、一方公然面での各種集会、記念行事や機関紙・誌の発行、頒布等活溌な大衆カンパニアを絶えず行っている党にとって、財政支出が相当多額であることは誰でも容易に考えられるところである。

とくに暴力革命＝武装活動のための各種武器類の製作収集、貯蔵に要する費用や、いまなお重要拠点、地域に定着して活溌な工作を行っている独立遊撃隊などの軍事活動費も軽視できない額に上るものと見られる。

これらの財政源は、戦前の党の非合法時代の財政に例をとると、専ら資金を海外に仰いでいたのである。

戦後においても、たとえば中共瀋陽で発行されていた「民主新聞」の昨年三月十四日付号によると「日本共産党」に対する援助資金として「六億五千七百七十七万五千人民元」（邦貨換算一千十一万九千四百六十二円）が送金されたことが発表されている。

これら資金の受取人及びその使途等についてはは明らかでないが、このように党活動資金の一部を海外に仰いでいることはさらに密出国違反事件の捜査からも裏付けられているところである。

しかし、党はその基本財政を党費及び機関誌・紙代、寄附金及び事業収入であるといっている。

党費は各党員の月収に対する一％で、実収のないものについては当該所属委員会で夫々決定することになっておりその配分率は、細胞3、地区3、県2、地方1、中央1で下に厚いピラミット型と

別表(二)　主要非合法中央機関紙・誌

題名	発行機関名	創刊年月日	発行期	型式	性格	発行部数	備考
平和と独立のために	日本共産党中央委員会	昭二五、八、一二	週二回刊（二九、四月より週刊予定）	タブロイド版四頁グラビヤ印刷（二九、四月よりタブロイド八頁オフセット印刷に切換予定）	非公然	五〇、〇〇〇	非合法の大衆新聞として党内外の指導啓蒙を目的とするもので共産党の中核的機関紙である。
国民評論（内外評論）	〃	〃二五、八、三〇	月刊	B六判パンフ型活版刷	〃	二二、〇〇〇	共産党の最高理論（戦略・戦術）指導誌。（二九、三月第六十号で廃刊「前衛」に統合）
労農通信員	〃	〃二七、八、一	週刊	B五判ガリ刷	〃	四、〇〇〇	労農通信員に対する教育啓蒙指導紙として発行されていたが第四十七号を以て廃刊になった。
組織者	〃	〃二七、二、一〇	〃	〃	〃	五、〇〇〇	共産党中央の組織部、書記局決定等を掲載し、戦術と組織活動の指針（指導紙）である。（二九、三月末まで廃刊し平独に統合）
海上組織者	〃	〃二七、一一、一五	不定期	〃	〃	二、〇〇〇	共産党の海上組織活動の指針（指導紙）
農民組織者	〃	〃二八、六、一〇	旬刊	〃	〃	一、五〇〇	共産党の農民に対する組織活動の指針（指導紙）として発行されていたが第十七号をもって廃刊になった。
週報	〃	〃二八、三、一六	不定期	〃	〃	一、五〇〇	共産党の労働組合に対する組織活動の指針（指導紙）
国民の星（「中核」改題）	〃	〃二五、五、二四	月二回刊	〃	〃	五、〇〇〇	共産党の軍事組織（中核自衛隊、独遊隊）の機関紙。
星	〃	〃二七、一二、一		〃	〃	五、〇〇〇	共産党の軍事機関紙で駐留軍、保安隊、海上警備隊等に対する調査宣伝バクロ等を内容とし実践上の指針であったが昭二九、一月廃刊国民の星に合併した。

警官の友	〃	〃二五、一二、一五	月二回刊	タブロイド版ガリ刷	〃	五、〇〇〇	共産党の対警察工作用機関紙
国民の兵士（人民の兵士改題）	〃	〃二六、三、三〇	月二回刊	〃	〃	五、〇〇〇	共産党の対保安隊工作機関紙
民族の星	〃	〃二八、一〇、三〇	月刊	〃	〃	一、〇〇〇	共産党の対海上警備隊下級幹部向工作機関紙
警察通信	〃	〃二八、二、一五		B五判ガリ刷	〃	五〇〇	共産党が全警察の反戦反ファッショ化を企図して出した政治工作機関紙
法曹春秋	〃	〃二八、三、一〇	不定期	〃	〃	三〇〇	共産党が裁判、検察等の反戦反ファッショ化を企図して出した高度の政治工作紙
ホテル案内	〃	〃二七、―、―	月刊	ガリ刷	〃	一、〇〇〇	共産党の米駐留軍兵士（黒人兵）工作用機関紙。和・英二種が発行されている。
旅行案内	〃	〃二七、―、―	〃	〃	〃	一、〇〇〇	共産党の米駐留軍兵士（白人兵）工作用機関紙。和・英二種が発行されている。
花かご	〃	〃二八、三、―	不定期	B五判ガリ刷	〃	一、〇〇〇	共産党の婦人団体G活動の指導紙
たいまつ	〃	〃二八、二、―	〃	〃	〃	一、〇〇〇	共産党の学生団体G活動の機関紙
失業戦線	〃	〃二八、七、一	月二回刊	〃	〃	一、〇〇〇	共産党の失業者（日雇）に対するG活動指導紙
教育情報（「教育戦線」改題）	〃	不明	不定期	〃	〃	七〇〇	共産党の日教組G活動に対する指導紙
鳩笛	〃	〃二八、一二、一	月刊	〃	〃	五〇〇	共産党の平和G活動に対する指導紙
友好工作者	〃	〃二八、三、―		〃	〃	五〇〇	共産党の日中友好G活動に対する指導紙

なっている。

機関紙・誌は、現在合法、非合法合せて中央約三〇種、一ヶ月約二百万部を発行しており、その利益配分率も夫々決められ、「アカハタ」「前衛」等の合法紙・誌代の配分は班（細胞）三〇％、綜合分局（地区）五〇％、支局（県）一五％、総局（地方）五％となっている。

たとえば、「アカハタ」一ヶ月一五〇円の場合は中央本局分として百円を上納し、残りの五〇円を前述の率で配分する。これによると、「アカハタ」一ヶ月一部に対する各級機関の利益配分は、

班（細胞）十五円、分局（地区）二十五円、支局（県）七円五十銭、総局（地方）二円五十銭となる。

「平和と独立のために」「国民の星」等の非合法紙は、地方委員会で地下秘密印刷工場を持ち県で持っていないところと、県委員会で持ち地方委員会で持っていないところでは当然その配分率は異なるが、秘密工場を持っている某地方委員会傘下の各級機関の配分率は、細胞一〇％、地区一〇％、県一二・五％、地方四〇％、中央二七・五％となっている。

これを「平独」一ヶ月一部八十円に例をとると、細胞八円、地区八円、県十円、地方三十二円、中央二十三円となる。

これに対し、印刷所を県で持っている某地方委員会傘下の各級機関の配分率は、細胞一二・五％、地区七・五％、県五五％、地方一五％、中央一〇％となっている。これを同じく「平独」に例をとると、細胞十円、地区六円、県四十四円、地方十二円、中央八円となる。

つぎに、寄附金は財政シンパの恒常的な醵金や一般大衆からの不定期なカンパあるいは外廓団体などからの醵金等であるが、この恒常的な醵金組織としては、財政活動家組織と非合法の地下財政援助グループとがある。

不定期資金カンパには、通常資金カンパと特殊資金カンパとがある。

特殊資金カンパとは、「秘密印刷所建設」「党事務所建設」「選挙資金」「アカハタ日刊化三千万円資金」のように特殊な目的のため行うものである。

事業収入としては、党が営んでいる医療、出版、書籍販売、映画、演劇興業、小口信用、工事請負業、廃品回収、洋裁、ドレスメーキング等の諸事業があり、党はこれらの事業を企業集団と呼んでいる。これらの企業集団は、党防衛の見地から一応党から分離した形をとっているものが多い。また、たとえば「某劇団」が興業収入を無視した宣伝工作にかり立てられて財政破綻に直面した等のことがあったために、経理面でも党から分離して独立採算制をとりつつある傾向がある。これらによる党財政活動の現況は明らかでないが、年間収支の規模は党中央約一億円、地方約六百万円、県約百万乃至二百五十万円、地区約二十万乃至五十万円程度であると認められる。

けだし、以上党の財政状況は一口でいうと、極度に貧困であって上納党費約四〇％、機関紙・誌代は合法紙・誌五〇乃至六〇％、非合法紙・誌二〇乃至四〇％という状況である。

したがって、党財政を賄うものは殆んどいわゆるカンパであって、地区約四〇乃至五〇％、県及び地方で約七〇乃至八〇％をこれに頼っている。職業革命家である常任の給与は平均三千円を下廻っており、それも最近は給与としてではなく活動費（交通費等）を含めて支給されているものが多くなってきている。

たとえば、昨年某方面で党自らが党員約八十名に対して行った世論調査では、現在の給与では最低生活にも足りないとする者六十名の多きに達したといわれている。これらは何れも借金もしくは家族の内職によって糊口をしのいでいる模様であって、健康管理の問題が今更のように取上げられ、また一方党費、紙代の不正流用等も多くこのため党員で処分を受けあるいは脱落している者が相当数に上っているといわれている。

特殊カンパについても、低調であって大体その目標額の約三〇％が限度である。

たとえば昭和二十七年の「民族解放一億円カンパ」は全体で一億八千万に水増ししたが、これに対するカンパは一五％の二千七百余万であり、一昨年十月及び昨年四月の選挙資金カンパ一億円に対しても、それぞれ二千七百万円、二千四百万円に終っている状況である。

このようにして集められる金は地下機関紙の代金回収ルートやその他の秘密ルートに乗せられ、上部機関に現金やあるいは銀行預金・口座で振替送金されている。

財政経理については、各級の地下機関である財政部が担当しているが、最近これもまた組織防衛の見地から機関附属の各専門部が各別に独立採算を行い、その不足分を財政部に請求し、財政部はビューローキャップの指示によって払出す方法をとる傾向となっている。

総じてこの様な財政組織を党はどこを切られても非合法活動に差支えない組織として「みみず財政」といっているようである。

とくに軍事財政については、政治指導を行う各級軍事委員会が、その所属する基本機関財政部からの支出を受けているが、軍事的統轄を行う統一司令部及び傘下の中自隊や独遊隊は現地調達を原則とする独立採算制をとっている。

中でも武器資金については、非合法手段に訴える獲得手段が指導されているようであるが、このことはただに武器資金に止らず、かつて昭和七年の大森銀行ギャング事件等で周知の事柄となっているように、戦後なお治安機関の目をくぐって行われていることは昭和二十四年頃、当時サントニンの欠乏に乗じて党員がこれを広地域に密売した事件が検挙されている事実、また翌二十五年十月には現中央部員、元九州地方委員長が、朝鮮人党員から党資金として受取ったヘロイン四百五十グラム（当時時価百万円以上）を売ろうとして逮捕された事件等の示すところである。

昭和二十六年には、長野県で全県にわたるような多数党員による計画的な失業保険金詐取事件がある。また昭和二十七年八月七日、埼玉県で発生した元代議士横川重次殺人未遂事件が、共産党独立遊撃隊員による資産家、支配階級、権力機関を打倒する軍事活動の一環として行われ、しかも併せて上部機関への資金カンパ及び自らの活動資金獲得のために犯したものであったことは、その公判記録によっても明らかである。

さらに同年、島根県では時価百万円に及ぶタングステンの窃取事件があったほか、新潟では党員の密輸未遂事件が発覚しているが、本年度予想される兵器防衛生産事業の拡大に伴い今後事業用物資の持出しや密輸出入による不法手段などが、一層激しくなるものと認められる。

E　労働運動に対する地下活動

共産党は、いうまでもなく労働組合を共産主義の学校であり、党の貯水池であるとしている。組合は党の指導によってはじめて階級的意識を注入され革命の行動部隊になりうるという意味であって、ここではその本来の目的である経済要求の達成などということは二義三義的なものにしか考えられていない。端的にいうと、労働組合の本来的な経済要求は暴力革命という目的を達成するための手段として利用されるのである。当面の経済的要求が貫徹されて労働者に利益がもたらされるかどうかということは余り問題でなく、労働者の戦線統一の中に党の影響力がどれほど強まったかどうかが一義的に重要な問題であり、帰するところ、労働者は革命時の武装ゼネストの主力であればよいのである。

しかし、はじめから意識の低い労働者に対して、上からこのような目的や手段方法を押しつけることは、かえって党自体を孤立化するという、いわば逆効果をもたらすことになる。

しかも、党は労働者の革命意識が何よりもその総体的な団結、つまり戦線の統一と激しい闘争の経験の中から生まれて来るものであることを知っている。したがって、党は常に日常卑近な経済闘争を一定の方向に統一し、この統一行動の中から次第に激発的な闘争を盛り上げ、この実力闘争の中でゼネスト武装蜂起の必要性という軍事思想の普及とそのための組織化をはかることに主要な努力を注いでいる。とくに労働者が革命のための主力であるとする立場から、重要経営基幹産業部門の組織労働者に対する工作を最も重視し、これを積極化していることはいうまでもない。

このための地下活動の組織は経営細胞であるが、これには党の上級機関、たとえば地区委員会、県委員会の場合と同じように軍事部または、軍事委員会が設けられているので当然非合法組織とならざるを得ない。この経営細胞の役割は、まず党の上級機関の決定した方針を具体化し、その指導のもとに非合法を含めた一切の党活動を行うことにある。軍事活動についてもその例外ではない。つぎに、経営内の組合支部や統一委員会、その他各種サークルなどの内部に潜かに張りめぐらされている党員の秘密組織、いわゆるグループ（フラクション）を指導して、間接にこの種労働者の団体を支配していくということである。

このグループというのは、夫々所属団体の規約や決定、組織や活動方針に団体員を通じて党の影響を与えることにより、団体自体を党の支配下に置くことを任務とするものである。たとえばグループ員は常に模範的組合員として行動しそれによって信頼を得、裏面においては巧みに下から職場の不満と要求とを組織して、統一委員会や職場委員会をつくり、職制支配を麻痺させて行動の自主性を闘いとることから、さらに職場委員会を全経営に拡大し、組合幹部をつき上げて、組合の規約綱領や闘争方針に党的色彩を与え、次第に組合全体を党の意図する方向に追いやることを任務とする、といったような活動を行うのである。このためにはいうまでもなく、日常卑近な大衆の要求を巧みにとりあげ、あるいは意識の低い大衆を地道に引上げるといったような大衆接触が世話役活動や説得活動となって不断に行われる。しかも、その中で獲得された「意識の高い」者をたえず経営細胞の指導訓練下に移して、細胞自体の拡大強化に寄与することを任務としている。

このように、党は経営細胞を中心として、グループ活動と細胞活動とを密接に結合しながら、労働者の自然発生的な経済闘争を、意識的な抵抗自衛闘争に盛り上げ、ひいては、これを党の軍事意識によって支えられる中核自衛隊等の軍事組織にまで引上げようと指導している。つまりこのように党は経営細胞及び団体グループを地下組織として、経済、政治、文化、軍事とあらゆる合法、非合法の多面的な工作によって労働者の意識を変革し、組合を党の影響下に支配しようと企図しているのである。

そのための多面的綜合工作指導機関として、いわゆる略称「サツキ」と称する労働運動指導部を中央以下各級党機関に設けているばかりでなく、とくに重要拠点経営の綜合工作指導のためには現地「サツキ」を設け、その細胞、グループなどの組織を潜行的に指導運用し、目に見えぬ地下工作を展開している。

以上、労働運動における党の地下組織及び活動のほかに、その外廓的な地下組織及び活動の主なるものとして、統一委員会の組織活動がある。

この組織を歴史的にみると、昭和二十四年、定員法による国鉄、全逓労組の人員整理に際し、これが反対闘争の中で発生した組合の分裂策動を封じ、その統一を守るためにつくられたものであるが、なお当時の情勢からみて、人員整理によって破壊された国鉄、全逓内の経営細胞を再建するための足がかりの一端としてつくられたものであることはいなめない。さらに翌年実施された基幹産業部門のレッドパージによってその組織が全面的に推し進められるに至っていることは、この間の事情を物語るものにほかならない。

しかし、統一委員会の本来の任務は、昭和二十六年十二月に開かれた党の全国組織者会議において決定されたいわゆる「組織綱領」が明白に示している通り、何よりもまず労働戦線の統一強化を下から促進するための戦闘的労働者の組織であり、党がその内部にグループの根を張って間接にこれを掌握している組織である。したがって、その実態は半ば秘密組織でありながら、行動の面では深く職場に根をおろし大衆の統一した要求にしたがって大衆自らが統一して闘うような柔軟性ある形態をとっている。しかも、その任務は職場を基礎に労働者大衆の日常の利益を守る闘いを通じて、いわゆる組合活動の自由を拡大するとともに組合の統一強化のために行動するばかりでなく、さらに隣接する他の経営の組合やその地域の未組織労働者その他あらゆる大衆団体を統一し、強化して行くことにあるのである。勿論、統一委員会といっても、それぞれの職場、地域さらにその力の強弱によって夫々要求や条件が違うので一概にその具体的闘争の在り方は規定しがたいが、その共通した日常闘争の究極の重点は、

1　あらゆる日常闘争の先頭にたち積極的に統一行動を起し、全労働戦線の統一を期すること。

2　統一の要求と統一行動のもとに「ストライキ委員会」を組織し、大衆自ら闘う組織をつくり、その中核となって活動する。（ストライキ委員

会は、組合の枠を越えて下からストライキ態勢をつくりあげ、組合の闘争態勢に筋金を入れるとともに自らの武装化をはかる）等である。

以上のように統一委員会活動の最終目標は、職場におけるストライキ委員会の確立にあるわけであり、さらに、これを積み重ねてゼネスト武装蜂起の態勢をつくりあげることにあるのである。

F　農民運動に対する地下活動

共産党は、革命の主勢力を労働者、農民の同盟であるとしている。言葉をかえると、労働者とともに農民の向背こそが革命の成否を決するカギであるとしているのである。したがって、広く農民大衆を日常の諸闘争に立ちあがらせ、これを組織統一し、その中から労働者のゼネスト武装蜂起に即応する農民蜂起の態勢をつくるために活発な地下活動を展開しているが、まずその中枢組織をなすものは、略称「アヤメ」といわれている農村綜合工作ビューローである。

この組織は、中央以下各級党機関に置かれている外、主要な農村地域にそれぞれ現地工作ビューローの形でつくられているが、組織構成員の中に軍事委員が入っていることによっても明らかなようにその性格は多分に軍事的なものをもっている。

つぎにその任務とその実態について述べると、まずその任務は、

1　全農村細胞及びグループを総括指導し、工作拠点を決定して党としての一切の機能をここで集中的に発揮する機関である。

2　農村細胞に対する中央指令の実践機関である。

3　農村工作隊（独遊隊）文化工作隊等の各種工作隊の計画的配置、運営を重点的に行う機関である。

4　農民大衆のあらゆる動きを捉えてこれを統一し、組織化する具体的、実動的な任務を負う機

関であって、いわば大衆運動そのものに対する指導機関としての性格をもっている。

5　当面する農民運動の課題となっている諸要素を把握しこれを工作し発展せしめる機関である。等となっている。これはつまり武装闘争によって貫かれている党の新綱領の実践に向って全農民を国民統一戦線の戦列に参加させ、これを武装蜂起の組織またはその掩護組織化するための綜合的な組織指導に任ずるものとなっているわけである。

つぎにその組織の実態をみると

1　農民の実力自衛闘争組織の発展、軍事思想の普及を図るために軍事指導部の代表者を参加させている。

2　労働運動、農民運動、青年婦人団体、文化団体、平和団体、日中友好団体等各種団体グループ指導部の代表者を参加させ、これによって農民大衆の中に、とくに先進的な都市労働運動の影響力を導き入れ、その中に大規模な思想的変革をもたらすことを狙っている。

3　農民の政治思想の意識を昂め、さらにこれを変革するために農民の中に機関紙、ビラ等を多角的に注入するための代表者として宣伝機関部の代表者を参加させている。

4　軍政のコミサールの形で党上級地下指導機関から政治書記が派遣されている。

等である。このように、政治軍事を中心として多面的な工作を綜合して指導する必要のために、党組織の各部門を挙げて一元化する態勢となっており、この点すでに述べた「サツキ」の組織態勢と性格を同じくしているわけである。さらにその活動としては、農村のあらゆる運動を綜合的に組織して農民戦線の統一強化の中に党組織を拡充し、帰するところ農民の実力的自衛組織とその武装化とを拡大することを目標としていることはその任務に規定してある通りであるが、具体的活動としては何よりもまず拠点地域内の現地工作がその中心となっているといってもよい。

この拠点地域とは、「政治的、軍事的に戦略戦術上重要な箇所」という立場からする各府県委員会傘下の農村基礎調査によって設定された工作の対象であり、「アヤメ」がこの工作に専念する理由は、この拠点地域の工作の成否こそが農民戦線統一強化の成否を決する基本であるという見地からである。

何れにしても、「アヤメ」は拠点地域を足場にし、農民のあらゆる闘争と組織とを農村細胞及び各種団体のグループを通じて掌握するばかりでなく、とくに遊撃隊、工作隊の活動を直接掌握して農民の抵抗自衛闘争とその組織とを押しひろげ、これを農村中核自衛隊、遊撃隊などの軍事組織の結成にまで発展させようとしていることは明らかである。

しかも、このように党の農民運動に対する工作の重点がすでに軍事的なものにまで発展している現在、農村細胞がまた半ば秘密組織になっていることはいうまでもない。とくに基地、電源地周辺など農民闘争が熾烈化し抵抗自衛組織や中核自衛隊、遊撃隊などの大衆軍事組織が生れつつある地域の農村細胞には軍事部が設けられているので、その組織は当然地下的なものとならざるを得ない。

この農村細胞は、「アヤメ」の指導の下に合、非一切の党活動を行うことを建前としており、その農民団体内グループとの関係は、すでに述べた労働運動の場合における経営細胞と、労働者団体内のグループと同じように原則として指導、被指導の関係に立つのである。

農民団体内グループは、労働組合その他大衆団体内のグループと同じように、団体傘下の大衆を通じてその団体の規約、決定、組織、闘争方針などに党の影響を与え、具体的には米価、供米、災害補償、営農資金等日常の広汎な各種要求をとりあげて、農民大衆を闘争に奮い起たせ、団結の強化とその戦闘化をはかることを任務としている。そのために、党は各種農民団体の中央から末端に至るまでこのグループ組織を確立しこれを育成強化することに積極的な活動を続けており、現在までに中央から末端までグループ組織の確立されている団体として日農グループ、農業協同組合グループ、ミチューリン会グループなどがある。

これらのグループは夫々中央、地方、地区と各団体の系列に応じて、各級党機関の「アヤメ」の指導、村落における細胞の指導（現地「アヤメ」のあるところではその指導）を受けて具体的な活動方針を打ち出し、団体内にあってこれを押し拡げ、団体の指導者を下から突き上げて行き、団体をして党の目指す抵抗組織の方向に発展せしめようとしているのである。

その具体的方法としては、まず村落農民の一人一人の要求を取り上げてこれを団体下部組織の行動と化し、さらにこれを積み上げて団体の統一行動を組織化することによって、新綱領と武装闘争の上にたつ農村細胞独自の活動を側面から援助するのである。

また、半非合法の組織として党の手に牛耳られているものにいわゆる農民委員会の組織がある。

その性格は労働運動の場合における統一委員会と略々同じであり、農民団体は勿論、村落労働組合、零細商工業団体、未組織部落民を含めて広汎な農村居住者大衆の行動の統一、さらに戦線の統一強化をはかる任務をもつものであって、はじめは戦闘的農民、とくに農業労働者、貧農の結集体として出発するが、発展した形では農村代表者会議の母体となって新しい農村権力機関の萌芽となる。つまりこの農民委員会は、耕作農民の闘争組織としての農民組合よりもっと広汎なものであり、すべての農民団体、耕作農民、青年、婦人、農村プロレタリア、半プロレタリアを反米、反吉田、反再軍備の統一戦線に動員し、農地解放の徹底、耕作権の確立、山林原野の解放等を中心として、自主供出、村政の民主化、租税、肥料、学校教育などの多くの問題から、貧困者、失業者などの生活権の擁護、更に再軍備反対、平和擁護の闘争まで、これを統一的に展開せんとする中核組織であるが、将来統一組織が拡大強化されたあかつきには漸次村の権力機関に代るべき性質をもつものとされているのである。

党は、最近の米価、冷害、水害、病虫害、税金、基地問題等の各種の闘争の中から自らの指導によってこの農民委員会の組織化を図れと指示しているが、そのイニシャをとるものが「アヤメ」、とくに現地「アヤメ」の指導下にある農村細胞と工作隊とであり、一応組織確立後には、その内部にグループを配置して指導することになるのはいうまでもない。けだし、このような農民委員会の組織及び活動は、目下の処一見半ば合法組織及び合法活動の様相を示しているが、問題は、その内部からいわゆる実力抵抗闘争及びその組織、さらに中核自衛隊や遊撃隊及びこの闘争を生み出し、これを基礎として既存の権力機関をマヒさせ、革命的な農村権力機関を生み出そうとしているところに党の地下活動の具体化があるわけである。

G　平和運動に対する地下活動

共産党は、昨年来「国際緊張の緩和」「国交調整のための話し合い運動」ということをとくに強調し、再軍備反対、対共産圏との国交回復運動（日中、日ソ友好運動、貿易促進など）などを具体化していわゆる平和擁護運動を広汎に進めているが、この一連の平和擁護運動に対する党の基本的な考え方は、究極においては市場の狭隘と、輸出の不振にあえぐ中小企業者をはじめとする産業人や、平和の美名にあこがれる広汎な国民大衆を革命の戦列に加えようとすることとにあることはいうまでもない。

つまり平和擁護運動や、これに参加する平和団体の運動そのものは、単に国際経済文化の交流による平和を希求し、戦争に反対する運動であるにしても、あらゆる国民的な運動やそのための団体を革命のために利用しようとする党は、次第に活溌化しつつあるこの種運動に対しても、経営、農村、学校などの細胞活動を通じ、あるいは団体内部にいわゆるグループの組織を秘かにつくってその支配力を及ぼそうとしているのである。

このうち党の細胞活動については、各種平和団体やサークルなどを組織するためのイニシャをとり、とくにいわゆる平和擁護運動の戦線統一強化のための中核的組織である平和擁護委員会（平和を守る会など）の組織活動に公然積極的なイニシャをとっているほか、その役割は大体労農運動の場合と同じであるから省略するが、党のグループ組織の実態を要約すると、まず指導機関である平和運動綜合グループ指導部の組織については基本的な構想として、

1　平和運動の指導体制を確立すること。

2　このために平和委員会に参加している諸団体内の党員、有名人党員、平和委員会書記局のグループをもって平和運動綜合グループ指導部を作ること。

3　党機関の指導の下に平和運動の政策をたて運動を指導すること。

であり

さらに地方各グループとしては

(1)　県、地区で綜合平和グループを確立するために機関に協力すること。

(2)　綜合グループには各団体グループの平和担当者と平和委グループが参加すること。

とされている。

また、その組織の具体化のためには

(1)　平和グループにおいてこの方針を中心に十分な討議を行い具体的に実行すること……

(2) 中央では労働、農民、文化、青年、婦人、学生、親善など諸グループにおいて階層、団体の特殊性に応じた再軍備反対闘争の方針を作り綜合グループで討議する。

府県でもこれら諸階層、諸団体におけるそれぞれの再軍備反対闘争の方針を討議し相互に協力しあうとともに、平和グループの再軍備反対の独自行動を組みあげること、これらの綜合工作の中から平和綜合グループを確立すること。

などの組織構想を明らかにしている。

なお、平和運動の面におけるこのような党最近の地下活動体制の準備をみると、将来細胞及びグループ活動を含めた全般的な党の平和運動指導方針は、前述の平和運動綜合グループ指導部によって打出されるものと見られるが、目下の処はグループ自体未だ確立の段階にあるのでその形跡は認められていない。

何れにしろ、この指導部には党機関各部門の代表者や平和団体グループの代表者は勿論、労農市民など各団体グループの平和運動担当者が参加して綜合指導する体制であって、そこで決定した政策、指導方針をそれぞれのグループの平和担当者が所属機関や団体グループ指導部に持込み、一方、各経営、農村、学校、居住の細胞はこの基本方針を軸として、その分野に適合した具体的な平和運動の方針を打出し、これを経営、学校あるいは地域の活動面で実践することにより結果的には党の意図する方向へ綜合的、統一的に運動全体を発展させようとしているものである。

したがって、このような地下活動体制が確立し、しかも、細胞や平和団体グループは勿論、あらゆる労、農、市民団体グループの平和担当者の活動が強まり巾が広くなればなるほどその団体及び地域、階層の平和運動は党の意図する方向へ発展するわけである。

〈参考文献〉

一章　日共の武装闘争と在日朝鮮人

玉城素『民族的責任の思想』お茶の水書房、一九六七年
警備研究会『左翼運動と警察』警察図書、一九五二年
国家地方警察本部『共産主義運動の実態』（非売品）、一九五四年
脇田憲一『朝鮮戦争と吹田・枚方事件』明石書店、二〇〇四年
尾崎治『公安条例制定秘史』柘植書房、一九七八年
日本共産党『日本共産党の四十五年』日本共産党中央委員会出版局、一九六七年
歴史群像シリーズ『朝鮮戦争㊦』学習研究社、一九九九年
田中恒夫『図説　朝鮮戦争』河出書房新社、二〇一一年
三宅宏司『日本の技術八・大阪砲兵工廠』第一法規出版、一九八九年
法務研修所『吹田・枚方事件について』特別資料第一三号（部外秘）、一九五四年
法務研修所『大須騒擾事件について』特別資料第一四号（部外秘）、一九五四年
法務研修所『メーデー騒擾事件の捜査について』特別資料第一八号（部外秘）、一九五五年
宇佐見静治『死んでも命があるように』宇佐見静治追悼集編集事務局、一九九八年

大窪敏三『まっ直ぐ』南風社、一九九九年
日本共産党『日本共産党の五十年』日本共産党中央委員会出版局、一九七二年
井出豊人『日本共産党資料大成』社会運動資料刊行会、一九五一年
日刊労働通信社編『最近における日共の基本的戦略戦術（三）』日刊労働新聞社、一九五六年
上田耕一郎『戦後革命論争史（上）』大月書店、一九五六年
西野辰吉『首領』ダイヤモンド社、一九七八年
窪田精『ある党員の告白』大日本雄弁会講談社、一九五六年
亀山幸三『戦後日本共産党の二重帳簿』現代評論社、一九七八年
鈴木卓郎『共産党取材三〇年』経済往来社、一九七六年
渡辺照子『志田重雄遺稿集』若草社、一九七五年
検察研究所『集団犯罪の捜査に関する実証的考察』特別資料第一号（部外秘）、一九五一年
検察研究所『共産主義革命と武力闘争の研究』特別資料第二号（部外秘）、一九五二年
検察研究所『日本共産党のテーゼと軍事方針について』特別資料第四号（部外秘）、一九五二年
法務研修所『共産主義革命と武力闘争の研究（第二部）』特別資料第七号（部外秘）、一九五二年
新潟県警察史編さん委員会『新潟県警察史』新潟県警察本部、一九五九年
大阪府警察史編集委員会『大阪府警察史　第三巻』大阪府警察本部、一九七三年

警察庁警備局『戦後主要左翼事件　回想』一九六八年
民族問題研究会『朝鮮戦争史』コリア評論社、一九六七年
朴慶植・張錠寿・梁永厚・姜在彦『体験で語る解放後の在日朝鮮人運動』神戸学生・青年センター、一九八九年
李瑜煥『日本の中の三十八度線』洋々社、一九八〇年
朴在一『在日朝鮮人に関する総合調査研究』新紀元社、一九五七年
金乙星『アボジの履歴書』神戸学生青年センター、一九九七年
姜在彦・竹中恵美子『歳月は流水の如く』青丘文化社、二〇〇三年
日本共産党関西地方委員会『日本共産党第二回　関西地方党会議決定報告集』日本共産党関西地方委員会、一九四九年
朝鮮研究会『地域社会における在日朝鮮人とGHQ』(『東西南北』別冊No1)、和光大学総合文化研究所、二〇〇〇年
警察庁警備部『六全協をめぐる諸問題』、一九五五年
警察庁警備局『日本共産党の第七回大会をめぐる諸問題』、一九五八年
警察庁警備局『日本共産党の第八回大会をめぐる諸問題』、一九六一年
高橋幹夫『警察歳時記』中央宣興株式会社出版局、一九七六年

警察時報社編集部『特別外事警備事典』警察時報社、一九五五年
長谷川慶太郎『組織の戦闘力』東洋経済新報社、一九八六年
長谷川慶太郎『軍事頭脳を持っているか』青春出版社、一九九七年
長谷川慶太郎『新【戦争論】の読み方』ＰＨＰ研究所、二〇〇二年
小山弘健『戦後日本共産党史』芳賀書店、一九六六年
日刊労働通信社編『戦後日本共産主義運動』日刊労働通信社、一九五五年
甲谷悦雄『平和的共存のかげにあるもの』自由アジア社、一九五五年
甲谷悦雄『国際共産主義運動の沿革と現状』時事通信社、一九五九年

二章　日本も戦場だった朝鮮戦争——在日朝鮮人と中国共産党

篠崎平治『在日朝鮮人運動』令文社、一九五五年
李瑜煥『日本の中の三十八度線』洋々社、一九八〇年
国家地方警察本部『共産主義運動の実態』一九五四年
佐藤哲彦、清野栄一、吉永嘉明『麻薬とは何か』新潮選書、二〇〇九年
剣持加津夫『日本の麻薬禍』近代社、一九七五年

解説――『共産主義運動の実態』を収録するにあたって

三〇頁足らずの薄っぺらな小冊子『共産主義運動の実態――とくに日本共産党の地下活動について――』を神田神保町の古書店で手にしたとき、その価値を判断しかねた。だが、副題と発行元・国家地方警察本部が妙に気になり購入したのが、今から十数年前のことである。手に入れた小冊子について、玉城素師、共同研究者、萩原遼などに話すと、史料価値があるものだと三人とも認めて下さった。玉城素師は北朝鮮問題の研究家であり、当時「ＮＫ会」を主宰していた。玉城素師からは武装闘争時代の共産党の運動、具体的には、その時代の資料の存在を教えていただいた。萩原遼は、復刻版を作ろうと勢い込んだ。共同研究者は「地べたを這っている人にはかないません」と評価してくれた。地べたとは「神田神保町」の古書街を丹念に廻っていることを指す。共同研究者が「かないません」と褒めて下さったのは、かつて「南労党」関係の資料を一〇〇円で見付けたこともあったからであろう。

それから数年後の二〇一一年、不二出版から復刻版『朝鮮戦争下　公安関係資料―光永源槌資料』が刊行された。全五巻という大部な書籍で、段ボール入りの一〇万円もするものである。数年前に見つけた『共産主義運動の実態』がもしかすると、この中に収録されているかどうかを確認したかったので購入することにした。

『朝鮮戦争下　公安関係資料』は、解説・渡部富弥、解題・井上學、解題・井上敏夫の三人の協力で造られている。亜紀書房から一九九六年に刊行された『中西功訊問調書―中国革命に捧げた情報活動』で知られる光永源槌の遺品で形成されている。つまり、中西功を訊問した特高警部補光永源槌の戦後の活動記録である。「中西功訊問調書」に見られるように光永源槌の資料は研究者の間で垂涎の的だった。

仔細に読んでみた結果、筆者の見つけた小冊子は収められていなかった。同じく『下関を中心とする集団麻薬事犯の全貌』も収められていなかった。しかし、この内容に関しては、光永源槌は熟知していたと推察される。

検察研究叢書（19）の『下関を中心とする集団麻薬事犯の全貌』（法務研修所、一九五四年）は信用のおける資料だと理解している。山口県に特高として赤色支那の対日工作を担当していた光永源槌がいた。その光永源槌の手助けがあったろう、と推察させる「報告書」である。これが下敷きになって、日共の武装闘争を資金面で支えたのが、赤色支那からの麻薬輸入だったことが実証されている。

下関、神戸を中心に国際共産主義運動は浸透してきたのである。光永源槌の追放解除前に法務府検務局が刊行した『神戸港を中心とした密輸の動向』（検察資料26、一九五一年）は、内容に具体性が乏しい難もある。一九五二（昭和二七）年、光永源槌は追放が解除され、戦前の警視庁特高警部補から法務府特別審査局事務官となり、中国公安調査局をへて山口地方公安調査局に配属されている。退職は一九五九（昭和三四）年である。

日本政府は一九五二（昭和二七）年、「破壊活動防止法」（三月）を作り、七月には破壊活動防止法を所管する公安調査庁を設置した。公安調査庁は先にGHQにより追放され、そして解除されていた特高経験者を採用する。光永源槌の経歴は、渡部富弥の「光永源槌資料の発掘の経過と若干の回想」に詳しい。戦前の国際共産主義運動・コミンテルンの放ってきたスパイ摘発で成果を挙げていた光永源槌は、その実績で採用される。

生地（山口県）に帰り農業に従事していた光永源槌の採用が山口県であったことには深い意味がある。当時スターリンからも認められていた朴憲永は、在日朝鮮人運動への指示を旧満州を経由して下関へ入れていた。当時の下関は『下関を中心とする集団麻薬事犯の全貌』でも描写されているが、朝鮮人が多く居住していた。

つづいて井上學は「解題・公安調査庁と在日朝鮮人」を書いている。これが筆者に大きなヒントを与えてくれる。

井上學によれば、公安が、祖防活動を含めて在日朝鮮人運動を「日共による引き回し」として描き出したのは「公安史観」であり、限界があったと言うのである。極東コミンフォルムが登場しないからであろう。公安調査庁の刊行物の範囲では、極東コミンフォルムは否定されている。ハバロフスクに極東コミンフォルムが成立し、シベリア抑留兵士を思想教育した後に送り返し、しかし萩原遼は、日共の軍事委員会を支える人材を供給したと警視庁公安部の資料に出ていると見ていた。

だが、この方面の調査では権威のあった公安調査庁の甲谷悦雄は極東コミンフォルムの存在を否定している。尚、甲谷悦雄は戦時には陸軍参謀本部のロシア班長であった。そして光永源槌とは同郷である。

このシベリア抑留兵士の日本への帰還以降に日本で様々な不可解な事件が起こったのであるが、それは松本清張の『日本の黒い霧』で描き出された世界とは真逆のものであった。

松本清張は不可思議な事件すべてを米CIA犯行説としたが、GHQ支配、米軍占領下で井上學のいう「朝鮮人が独自の運動主体」であった活動があったと考えれば、松本清張の『日本の黒い霧』は全く違う視点から書き改めねばなるまい。萩原遼はそれに気づき、松本清張には北朝鮮からの工作があったと述べている。『北の詩人』を論じた萩原遼の評論（「北朝鮮にはめられた松本清張――『北の詩人』の奇怪な成り立ち」『正論』二〇〇六年六月号）がそうである。

井上敏夫は「解題・公安調査庁と五〇年代日本共産党の軍事方針」を書き、「光永資料」の政治的時代背景を、五一年綱領が公表された年の暮れから翌五二年夏ごろまでに起こった事件で共産党の多くの党員が検挙され、長い裁判闘争を闘う政治的事件になった。それを一九五二年後半期の「軍事方針」関連資料を読み、朝鮮戦争の停戦交渉の進捗と軍事方針の行き詰まりを探っている。そこから、日共は軍事方針の放棄へ、そして「極左冒険主義」への自己批判、六全協（一九五五年七月日本共産党第六回全国協議会の略称）を「光永源槌資料」から読み取っている。

本書で参考資料として採録した国家地方警察本部刊行の『共産主義運動の実態』は、日共の軍事方針の放棄前のまさに実態を示す資料でもある。

三人の履歴を簡単に記す。三人が日共の宮本・不破と続いた指導体制、五〇年問題当時の日共国際派人脈に不信感を抱いていたことが理解されるであろう。

渡辺富弥は、一九三〇年東京生まれ、郵政省貯金局に勤務、五〇年に日共に入り、レッドパージで職を追われ、労働組合書記を経て、日共の非公然活動に従事する。六全協後工員として鶴見船架に勤務する。一九八五年に定年退職を迎え、後「徳田球一記念の会」理事、「社会運動資料センター」の代表を務める。著書として『偽りの烙印　伊藤律・スパイ説の崩壊』（五月書房、一九九三年）などがある。

井上敏夫は、一九三四年東京生まれ、東京農業大学の農業経済学科に学んでいる。国民生活センターに勤務し、法政大学社会学部の講師（一九七五～二〇〇〇年）を兼任する。主要著作に『野坂参三予審問調書』(五月書房、二〇〇一年)がある。

井上學は、一九四三年岡山県に生まれる。一九七〇年に法政大学大学院修士課程社会学専攻を修了する。職歴記載がなく、「海峡同人」とある。不二出版から『日本反帝同盟史研究―戦前期反戦・反帝運動の軌跡』など、幾つも出している。更に、朝鮮語資料の訳書を出しており、三人の中では唯一朝鮮語を解したと見られる。

この三人の履歴から単純に分かることは、六全協前のコミンテルン・コミンフォルムの指導を受けていた時代の資料を掘り起こしていることであろうか。それらの活動の過程で「光永源槌資料」が飛び込んできたのであろう。

『朝鮮戦争下　公安関係資料』は、「光永源槌資料」によって成り立っているが、第一巻が日共の武装闘争を記録・調査した公安調査庁の資料である。一九五二年だから、昭和二七年のことで光永源槌が採用された当初の資料である。この年は、日共の武装闘争というかテロ活動の最盛期であった。しかし光永源槌が公安調査庁に採用された頃から、武装闘争は減衰期に入る。だが、資料は第一巻の収録件数にて証明されるように豊富に整えられていく。

第二巻は、「山口地方公安調査局職員名簿」を中心に編纂されている。

第三巻は、昭和二八年、公安調査資料が主だが、赤色支那の対日工作から、日共の山陽軍事組織の動向資料も入っている。それから北朝鮮からの文書類の配布ルートが明らかにされている。

第四巻は、昭和二九年、山口地方公安調査局の「軍事組織の解明」に焦点が当てられている。第五巻は、昭和三〇年で、収められているのは三月までである。

四巻から五巻を通して、日共の武装闘争の破綻状況が明らかにされていく。

そして井上學が在日朝鮮人運動の観察・分析で特筆されるのは、公安調査庁は「祖防、民愛青の先鋭的両団体および関連ある日共民対の動向情報」を「調査の重点」にしていた、というところである。祖防とは祖国防衛隊及び祖国防衛委員会、民愛青とは在日本朝鮮民主愛国青年同盟の略称である。先にも引用したが、民戦、祖防隊などの活動を、公安調査庁は、結果的には日共の引き回しと捉え、つまり日共の武装闘争と捉え、人民軍の遊撃隊という側面を見落としていた。しかし、坪井豊吉の『在日同胞の動き』などを読むと、人民軍の遊撃隊的側面は見落としてはいなかったという指摘も成り立つが、井上學の「公安史観」、朝鮮人が独自の運動主体であることを歪曲する官憲イデオロギーは、その後大きな間違いを犯していく。

この官憲イデオロギーに基づく視点は、中央で在日朝鮮人の運動をまとめた公安調査庁の分析の欠陥として優れている。この公安調査庁の欠陥的分析は北朝鮮による日本人拉致工作を見落とす結果となった。

それに朝鮮人の運動体への分析で足りない点、一番重要なのは南労党の対日工作を具体的に挙げることが出来ていない点であろう。当時の日共内に朝鮮人が多く、幹部にも多くいたが、彼らは金日成の北労党からの指示など相手にしていなかった。この点は坪井豊吉も指摘している。

玉城素師は、福島県内には二つの共産党があったと言っていたが、それは萩原遼がよく言う国際共産党の日本支部以外が存在したということであろう。

当時の福島県の日共指導者としては金洪明がいた、とは玉城素師の記憶である。玉城素師は仙台にいて東北六県の日共を統括する位置にいた。仙台の指導が福島県内では通らないことが多かったそうである。

金洪明は日本名で保坂洪明として知られている。後に保坂洪明はソ連派として志賀義男と共に日共指導部を追われる。死亡はロシアの先の冬季オリンピック開催地となった黒海沿岸の保養地のソチである。海水浴中の事故死と伝えられたが、口封じ説が強かった。

これらの経緯を理解するには、警視庁公安部刊行の『ラストボロフ事件・総括』（一九六九年）が重要資料となると萩原遼は説明した。だから、『共産主義運動の実態』は公安調査庁的でなく、国際共産主義運動としての日本共産党を把握している。「解題・公安調査庁と在日朝鮮人」を読む限り井上學も読んでいないようだ。

在日朝鮮人運動に理解の深かった塙作楽は日共の岩波書店細胞のキャップだった。番町小学校・府立一中・一高・東大という経歴を後の国家警察庁長官を務める新井裕と共に歩んでいる。新井裕は福島県警の課長として松川事件の捜査を指揮している。新井裕が優秀であったから、GHQは助かったと塙作楽は言う。二人は終生の親友であった。

その塙作楽が『世界』誌上で広津和郎に松川事件の犯人とされた日共党員などの無罪説を展開させた。当時の塙作楽は『世界』誌の編集実務を行っていた。新井裕の優秀さを認め、「新井が間違った捜査をする筈がない」を強調する塙作楽が、一方で広津和郎を使って何故に無罪説を展開させたのかは疑問であり、そこを私は問うた。塙作楽は真犯人を国際共産主義運動の視点から説明した。

塙作楽は伊藤律の友人であった。そして、塙作楽と新宿で一緒に飲んでいた在日朝鮮人作家の金達寿は、日共主流派の影響もあったろうが真犯人は海から逃げたと述べた。日本人より背の高い集団であった、とも説明した。塙作楽と伊藤律の関係は、一九五四（昭和二九）年九月二二日に警視庁が押収し、のちに法務省刑事局が極秘刊行した『日共党員の自己批判書』に詳細に記述されている。これは岩波書店の歴史叙述では欠かせない資料ともなっている。

一方で、玉城素師の当時の福島県には共産党が二つあり、一つは仙台からの指示に従わなかった説を想起させる。

玉城素、塙作楽は日共主流派に属し、金達寿は日共の国際派であった。反主流派である。主流派に属し、非公然活動に従事した渡部富弥氏は「徳田球一記念会」の理事を務め、伊藤律に関わる著作を何冊も出している。先に挙げた『偽りの烙印』以外にも『野坂参三と伊藤律』（五月書房、一九九四年)、『生還者の証言—伊藤律書簡集』(五月書房)を著している。

日共の籍を外した萩原遼ならば、不可思議な大阪での幾つかの事件の背景を語ってくれるだろうと期待した。とりわけ、日共の歴史の中でも、武装闘争に関しては詳しいと睨んだ。萩原遼の友人は脇田憲一から井上學に至るまで、日共の武装闘争に言及する著作を残している。

脇田憲一は『枚方事件覚え書』にて、日共の武装闘争の中でも軍事委員会が組織した中核自衛隊の活動を描いている。しかし、日共の軍事委員会の指令で河北解放統一戦線が結成され、武装闘争に走ったのかどうかは極めて曖昧であった。脇田憲一夫人が萩原遼の友人の実妹であった。萩原遼は後に脇田憲一の著作を精力的に販売した。この時代の官側の「検察研究特別資料第13号『吹田・枚方事件について』(法務研修所、一九五四年)には、経済評論家の長谷川慶太郎の名前は記載されているが、萩原遼の名前はない。

脇田憲一の著作のうち『奥吉野巡歴』は心を打つ作品である。『奥吉野巡歴』は、筆者が解説したい文献の一つである。奥吉野に人民軍の士官学校が作られていたことになっている。日共主流派の玉城素師はこの部分が詳しかった。玉城素師の教えを忠実に山村工作隊の調査・研究に深入りしていた筆者にとって、萩原遼は天が与えてくれた「素材」であった。

飯能、奈良と萩原遼の隠れ家を訪れ、附近を散策した。いずれも山村工作隊の出撃というか、退避拠点であった。奈良は『奥吉野巡歴』もあり、説明しなくても想像がつくと思うが、飯能に気付く人は少ないと思う。小河内における山村工作隊の動きは八高線沿線から眺める必要がある。飯能が八高線と西武線の交わる重要拠点であった。萩原遼が飯能に隠れ家を設けていることに玉城素師は絶句した。

筆者の武装闘争への興味は、萩原遼から井上學の仕事を通して、深くしている。そして井上學の公安調査庁が祖国防衛隊の活動を含めて在日朝鮮人運動を日共による引き回しだと断じたことを批判した視点に今改めて注目している。「光永源槌資料」に、帝国敗戦後の南朝鮮共産主義運動の指導者であった朴憲永の在日朝鮮人へ宛てた資料が収録されてないのは残念である。北朝鮮の共産主義運動のNo2であった朴憲永が、祖国防衛隊の活動を赤色支那経由で指導していたのだから、井上學が公安調査庁の調査を批判した視点は鋭い。法政大学で朝鮮人の友人に恵まれて、育まれた視野であろうか。

昭和二七年の『共産主義革命と武力闘争の研究』（第一部）は五月に、（第二部）は一〇月に刊行されたが、井上學達編纂の復刻版には収録されていない。第一部は「検察研究所」、第二部は「法務研修所」の刊行となっている。

公安調査庁は昭和二七年一一月一〇日号として、『内乱・騒擾等の暴動事件収録』を刊行している。これも収録されていない。恐らく中央レベルの部外秘の刊行資料は全て光永源槌に届いてはいなかったのであろうか。

更に同時期に刊行された、警察庁刑事部捜査課が編纂した『戦後に於ける集団犯罪の概況』も収録されていないようだ。これは縦割り行政のためであろう。

井上學の指摘する「日共による引き回し」説は、コミンテルンの対日工作を観察対象としてきた坪井豊吉の史観でもあった。それが公安調査庁の任務、在日朝鮮人運動を弾圧の対象とみる考えに継続された。それで、公安調査庁は拉致問題への対応が遅れたのであろう。それは、国際共産主義運動の流れを見ていないからだ。在日朝鮮人運動を弾圧対象と見る「破防法」の限界であったろう。

いわゆる救う会の佐藤勝巳初代会長は井上學とは同じ空間の人であったが、井上學的視点を持ち得なかった。関西人でなければ分からない世界もある、その点萩原遼は理解し、祖防隊の人間が、一時期朝鮮総聯と距離を置き拉致工作に関わったことを見抜き、『拉致と真実』誌の刊行を始めた。救う会の佐藤勝巳と異なり、萩原遼は公安調査庁とは距離があるようだった。だから、井上學と同じく日共の引き回し史観に染まらなかったのであろう。

萩原遼が南労党の対日工作員が拉致に関わる真相を述べるまでに至る以前に、自宅浴槽でこと切れたのは残念である。タクシーの中だったそうであるが、井上學も萩原遼と同じような死に方、飲酒後に死亡している。真相を知る人間の性《さが》なのか。

令和元年六月二日

安部桂司

安部　桂司（あべ・けいじ）
福岡県生まれ。工学院大学に学ぶ。通産省東京工業試験所、同・化学技術研究所を経て、物質工学工業技術研究所主任研究官、化学技術戦略推進機構研究開発部つくば管理事務所所長を歴任。化学専攻、朝鮮・満洲の鉱工業史の研究に従事。この間在職中の、東京工業試験所80年史の編纂委員を務める。単著に「研究学園都市の概成』（STEP、1995年）、『「次の戦争」に備える』（論創社、2019年）、共著に「北朝蟬の軍事工業化』（知泉書館、2003年）、『戦後日朝関係の研究』（同、2008年）。公害対策技術、北朝鮮科学技術にかんする論稿多数。現職・東アジア貿易研究会研究顧問。

日共の武装闘争と在日朝鮮人

2019年8月10日　初版第1刷発行
2021年5月10日　初版第2刷発行

著　者　安部桂司
発行者　森下紀夫
発行所　論 創 社
東京都千代田区神田神保町2-23　北井ビル（〒101-0051）
tel. 03（3264）5254　fax. 03（3264）5232
web. http://www.ronso.co.jp/
振替口座　00160-1-155266

装幀／奥定泰之
組版／フレックスアート
印刷・製本／中央精版印刷
ISBN978-4-8460-1851-1

本体1800円

「次の戦争」に備える——筑波研究学園都市概成史

安部桂司著

筑波研究学園都市は、どのようにして誕生したか。その概成に力を尽くした竹内藤男知事・山口武平県議・梶山静六代議士、三人の政治家を軸に、驚くべきつくば市政の実態を明らかにする。つくばエクスプレス、グレーターつくば構想ほか。